武家の古都「鎌倉」を歩く

日本の歴史と文化を訪ねる会

いざ、鎌倉へ

鎌倉は源頼朝《みなもとのよりとも》が武家政権を樹立したところだが、合戦のたびごとに火災に見舞われている。館《やかた》に籠《こ》もる敵を攻撃するときに放火したり、敗戦になった場合には自刃した遺骸を敵に渡さないために自ら館に火をつけて灰燼《かいじん》にした。

日本の建築物は木造のため、燃やすのには都合がよかったが、跡《あと》には何も残らなかった。古都の代表である京都の市街ですら、元治元年（一八六四）七月の「蛤御門《はまぐりごもん》の変」によって焼き尽くされており、古くから多くの戦いの場となった鎌倉に、古い建築物が残っているわけがないのである。

都市として歴史のある鎌倉には、市民運動によって「古都保存法」を勝ち取ったという経緯があり、〝世界遺産登録〟へと向かうのは自然の流れであったのだろう。しかし、そのテーマを「古都鎌倉の寺院・神社ほか」から「武家の古都・鎌倉」と代えようが、遺跡や遺物が少ない鎌倉には、無理な申請と思われた。

その結果、平成二十五年（二〇一三）四月にイコモスは、武家文化の物証不足を主因に世界文化遺産に登録しないようユネスコに勧告した。つまり門前払いをされたわけである。

たしかに鎌倉には視覚に訴える「武家の古都」を連想させる遺物はほとんど残っていない。

世界遺産登録によって、より観光客を増やし、それによって増収を見込みたい行政の目論《もくろ》見《み》はもろくも崩れたのだが、鎌倉への観光客は、京都や奈良にはない海に行く人も含めて、平成二十二年度には一九四九万人、平成二十三年度には東日本大震災の影響もあって減少しているが一八一一万人を数えているのである。

書店に立ち寄れば鎌倉観光の雑誌や単行本が多く並んでおり、それらの本には鎌倉での食事処も紹介されているように、主に女性たちにはグルメ旅をするのも、旅の楽しみ方の一つの方法だろう。だが、本書にはそうしたグルメ紹介は皆無である。時代を追って鎌倉の歴史を解説し、その時代の中での事件などの経緯を分かりやすく記載し、舞台になった場所（史蹟）を紹介するものである。

鎌倉の旅では、ちょっと想像を逞《たくま》しくして、ハイキングコースになった尾根道を歩けば、あたかも塀の上を歩いているようなところもあり、市街の外側の尾根側面を人工的に切岸としていることに気付く。丘陵に挟まれた谷状の地形である谷戸《やと》に入ってみると、武将たちが生活した息吹《いぶき》が感じられ、切通しを歩けば煌《きら》びやかな鎧《よろい》に身をつつんだ武士が「いざ鎌倉」

と道を急ぐ様子が思われ、大町《おおまち》辺りの町屋跡をめぐれば、開かれた市でどんなものが売られ、どのような装束《しょうぞく》の人たちが歩いていたのだろうかと楽しくなるだろう。

視覚に訴えるテレビは、想像する力を衰えさせるといわれるが、鎌倉はいわばラジオ的で、少ない情報を基《もと》にして頭脳の中で想像を膨《ふく》らませることができる古都なのである。さらに鎌倉という都市は、日本各地に大名たちが城下町を開く原形となっており、まさしく「武家の古都」なのである。

鎌倉には幸いにも、先人たちの努力によって、春夏秋冬を愉《たの》しむこともできる緑の多い環境が残されているのだ。

旅に出たくなったら「そうだ、鎌倉に行こう！」。

日本の歴史と文化を訪ねる会

平成二十五年十月

武家の古都「鎌倉」を歩く●目次

編集協力★株式会社渋柿舎　執筆協力★グループイストゥワールF2　写真撮影★SIMON

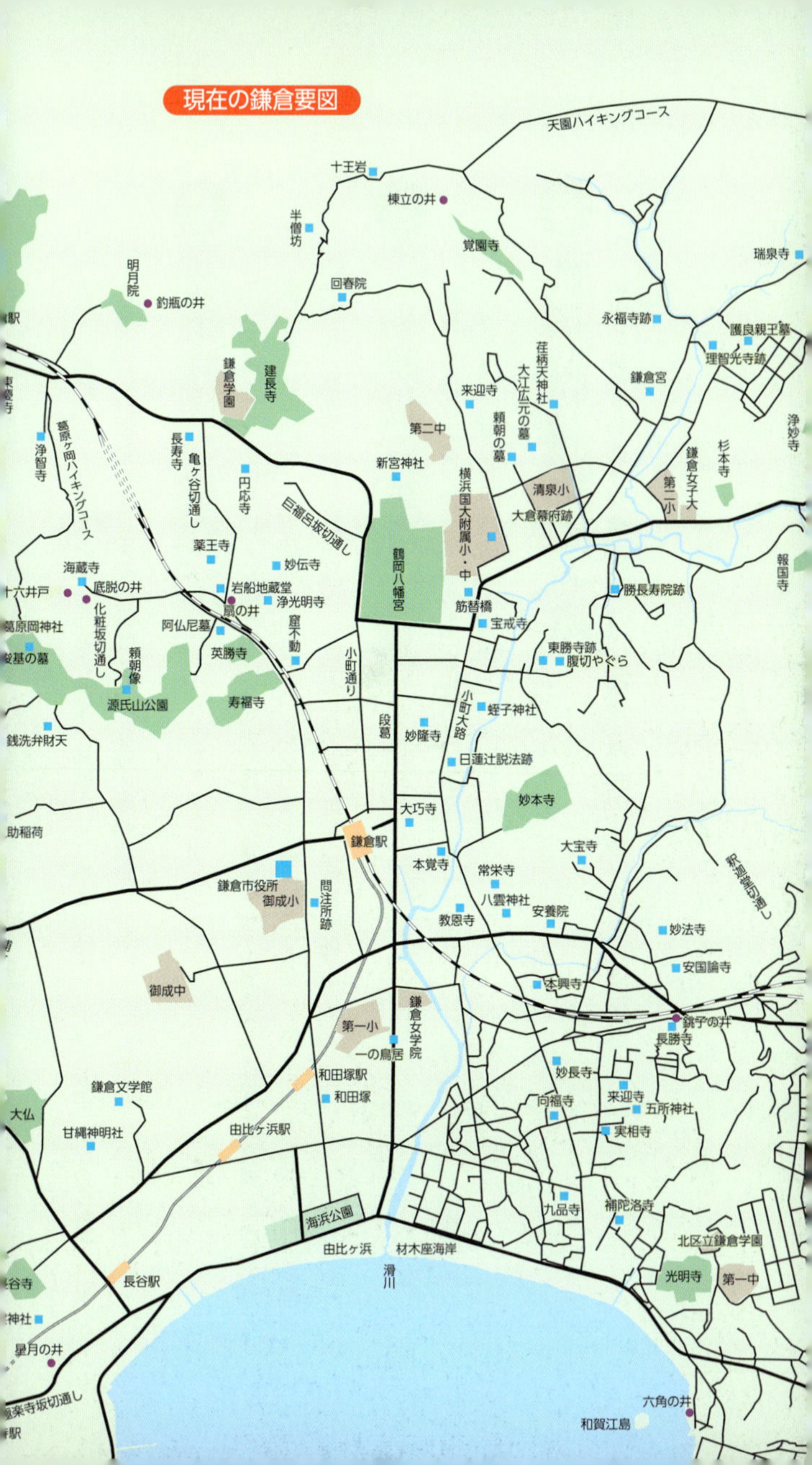

現在の鎌倉要図
天園ハイキングコース
十王岩
棟立の井
半僧坊
覚園寺
瑞泉寺
明月院
釣瓶の井
回春院
永福寺跡
護良親王墓
理智光寺跡
荏柄天神社
鎌倉宮
建長寺
鎌倉学園
来迎寺
大江広元の墓
頼朝の墓
浄妙寺
杉本寺
鎌倉女子大
第二小
第二中
長寿寺
亀ヶ谷切通し
円応寺
新宮神社
浄智寺
葛原ヶ岡ハイキングコース
巨福呂坂切通し
横浜国大附属小・中
清泉小
大倉幕府跡
薬王寺
妙伝寺
鶴岡八幡宮
報国寺
海蔵寺
底脱の井
岩船地蔵堂
扇の井
浄光明寺
十六井戸
化粧坂切通し
勝長寿院跡
筋替橋
葛原岡神社
阿仏尼墓
窟不動
宝戒寺
頼朝像
英勝寺
小町通り
東勝寺跡
腹切やぐら
源氏山公園
寿福寺
蛭子神社
小町大路
段葛
妙隆寺
銭洗弁財天
日蓮辻説法跡
妙本寺
大巧寺
鎌倉駅
佐助稲荷
大宝寺
本覚寺
常栄寺
釈迦堂切通し
鎌倉市役所
御成小
問注所跡
八雲神社
安養院
教恩寺
妙法寺
安国論寺
御成中
本興寺
銚子の井
長勝寺
第一小
鎌倉女学院
一の鳥居
妙長寺
和田塚駅
鎌倉文学館
和田塚
来迎寺
向福寺
五所神社
大仏
甘縄神明社
由比ヶ浜駅
実相寺
九品寺
補陀洛寺
海浜公園
由比ヶ浜
材木座海岸
北区立鎌倉学園
滑川
長谷駅
光明寺
第一中
長谷寺
御霊神社
星月の井
極楽寺坂切通し
六角の井
和賀江島

一章　古代の鎌倉

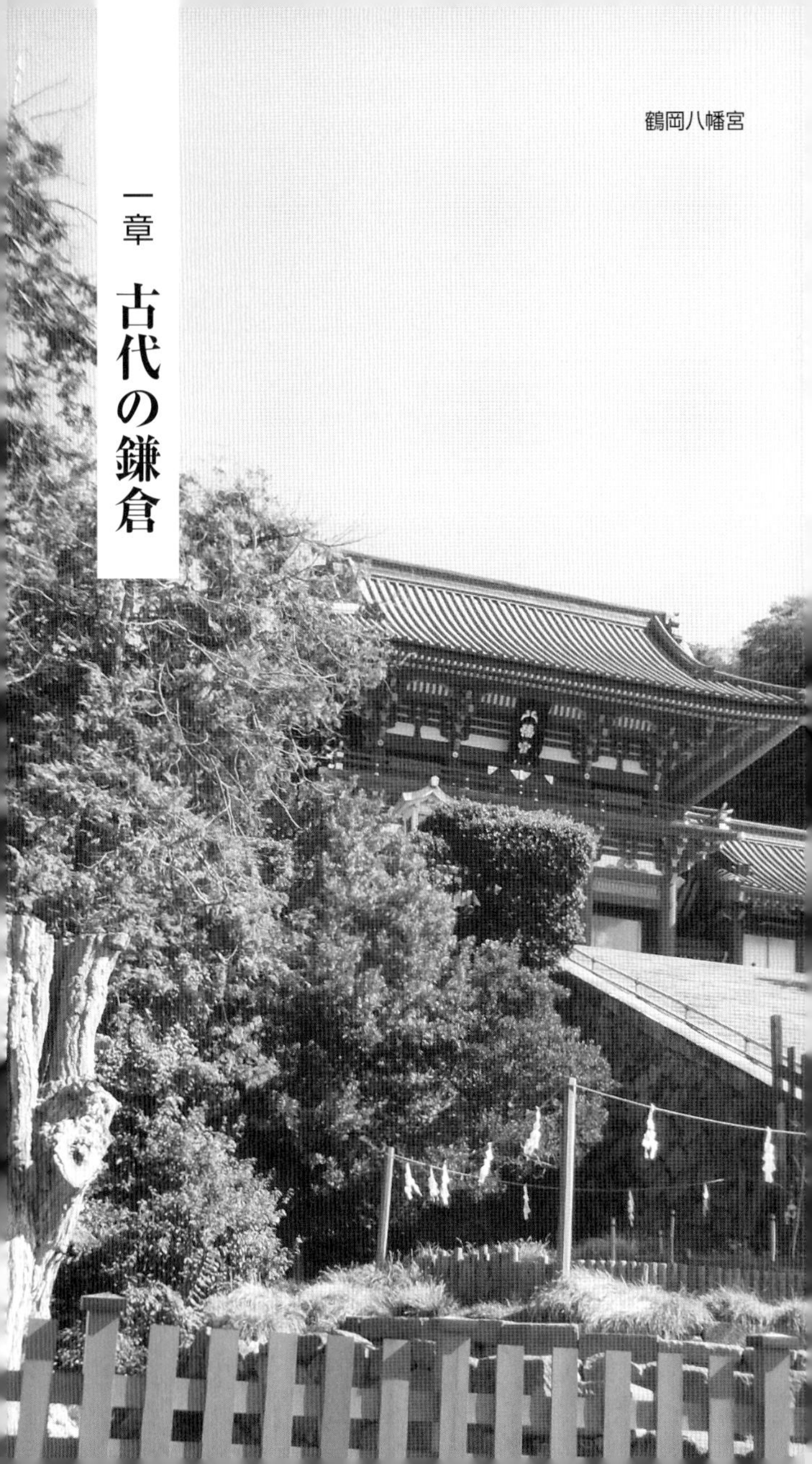

鶴岡八幡宮

古代の鎌倉は海の底にあった

『鎌倉市史・古代編』（昭和三十四年刊行）では、現在の地形の丘陵部分である標高一〇メートルの等高線あたりが縄文時代の海岸線と仮定しており、その仮定による地図にしたがえば、入り江が現在の戸塚《とつか》あたりまで大きく入り込んで、現在の鎌倉市街地のほとんどが海の底である。

関東地方には古くから人が生活していたことは明らかだが、鎌倉では小袋谷切通《こぶくろがやつきりどおし》工事で、火山灰が堆積したローム層中二

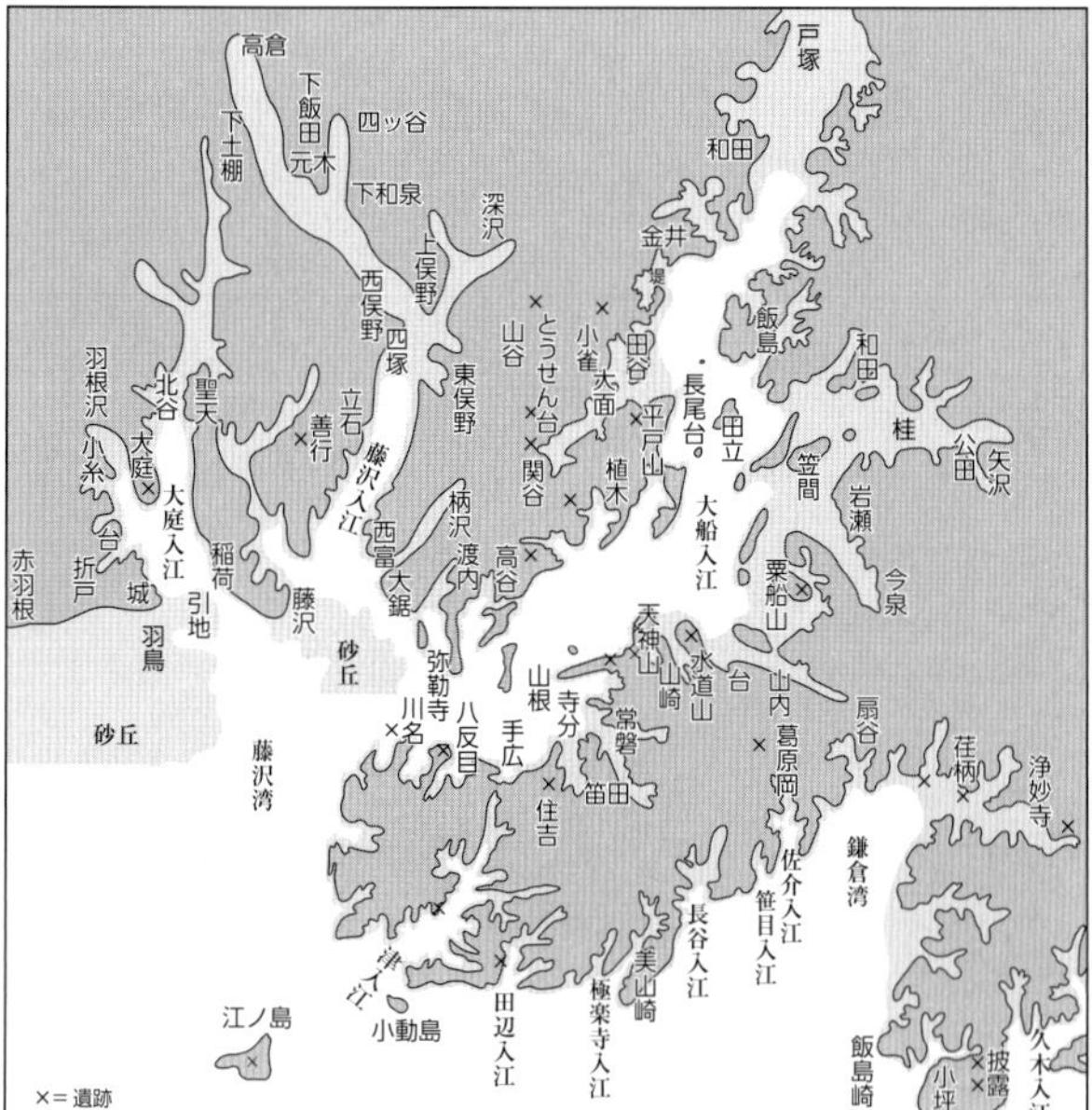

縄文時代の鎌倉の地形推定図

参考：『鎌倉市史・古代編』

メートルの深さから人工を加えた黒曜石片《こくようせき》が発見されている。そのことから火山灰が降る日の多かった縄文時代以前から、ここに生活していた人たちがいたことが明らかで、その黒曜石は伊豆《いず》半島で産出されたものとされている。

縄文時代早期の土器片が大船《おおふな》に近い山崎天神山《やまさきてんじんやま》や逗子《ずし》市披露山《ひろやま》から採集されている。

その後、日本列島の太平洋側は隆起したとされ、『鎌倉市史・古代編』の弥生時代の地図では陸地部分が増えており、弥生時代中期から後期には北鎌倉の台《だい》山一帯と、滑川《なめりかわ》沿いの大倉《おおくら》、二階堂《にかいどう》などに集落が形成されていたという。

さらに古墳時代になると、『鎌倉市史・古代編』の古墳・横穴・居住遺跡分布図では丘陵の際《きわ》に古墳・横穴・居住跡が点在していることがわかるが、海側にも集落跡が確認される。三浦《みうら》半島では横須賀《よこすか》から三浦にかけての海岸に沿って、小規模な前方後円墳や円墳のある古墳群が確認されているが、鎌倉市内の古墳には由比ヶ浜《ゆいがはま》の砂丘地帯の向原《むこうはら》古墳群に円墳と思われる和田塚《わだづか》・采女塚《うねめづか》があり、円筒埴輪《はにわ》片や形象埴輪片が採集されている。また鎌倉宮《かまくらぐう》の

古墳とされる鎌倉宮の護良親王土牢

奥にある「護良親王土牢《もりよししんのうどろう》」も古墳であったとされる。

不思議な前方後円墳があった

古墳を建設するには、膨大な用材や人員が必要である。そのために古墳は、その地域に住んだ集団の中で政治的、経済的および社会的に抜きん出た特定の人物を葬ったものとされる。

とくに近畿地方で成立したヤマト王権は、前方後円墳という特色ある形態の古墳を造りはじめ、ヤマト王権の連合に参加する各地の豪族に対し、墳丘の形式や大きさ、石室、棺《ひつぎ》の形式を規定し、分与したものを副葬させて、同盟下の存在意識を持たせたとされている。またそれらの古墳は、海や河などから眺められる場所に造られたのも特徴である。

鎌倉市に前方後円墳はなく、三浦半島全体を見ても大きな古墳は見あたらない。現在の地形などから推測しても、三浦半島は水田になる土地が少なく、この地で生活できる人数は多くは

なかっただろうし、強力な豪族が出現できる地ではなかったと想像できる。

ところが平成十年（一九九八）三月に、三浦半島の付け根で神奈川県内最大の前方後円墳が発見されたのである。

携帯電話の普及によって、三浦半島の逗子市と葉山《はやま》町の境の山中に電波中継塔を建設するため、雑木林を伐採して掃除をした。葉山に住む民間考古学愛好家は、数年前からこの尾《お》根《ね》の一角が古墳のような形をしていることに着目しており、この工事現場から埴輪の破片を数個採取したことで、「長柄《ながえ》桜山《さくらやま》古墳」という二基の前方後円墳の

長柄桜山古墳一号墳

長柄桜山古墳二号墳

発見となったのである。

神奈川県教育委員会、かながわ考古学財団が調査し試掘をした結果、一号墳は全長九〇メートル、後円部直径五一メートルという、神奈川県最大の前方後円墳と判明した。

一号墳は古墳の造営に岩盤を削って地面を整地し、その上に土を盛って墳丘《ふんきゅう》を造り上げており、後円部の一部は崩れたようになっているが、造営当初から歪《いびつ》な形であった可能性が高いという。後円部頂上の平坦部には円形に埴輪が並び、円筒埴輪や壺形埴輪片が採取され、墳丘中ほどに幅二メートルほどのテラスがあることが確認された。

二号墳は一号墳から五〇〇メートルほど西にあり、海岸に近い場所である。全長八八メートル、後円部直径五四メートルの前方後円墳で、面積は一号墳よりも大きい。テラスは確認されていないが、墳丘を葺石《ふきいし》で覆《おお》っていた。

その葺石は、墳丘上部には相模《さがみ》川や多摩《たま》川の河原石と思われる白い砂岩を用い、下部に用いられた黄色い泥岩には、海岸に棲む生物の痕跡があることで、近くの海岸から運ばれたもののようだ。海上から眺めると、築造当時には墳丘上部の河原石は輝いて見えただろう。

円筒埴輪と壺形埴輪も出土しており、埴輪の特徴から四世紀後半に築造された前期古墳と見られ、葺石がある前期古墳は神奈川県下で初めての発見であった。

　二号墳は逗子市の「蘆花記念公園《ろかきねんこうえん》」の上にあり、平清盛《たいらのきよもり》の曾孫・高清《たかきよ》の墓とされる「六代御前《ろくだいごぜん》の墓」から登るコースがあり、ハイキングコースが墳丘を縦断している。逗子湾から葺石に輝く墳丘が眺められるように築造したと思われる。

　六代御前とは、平氏嫡流《ちゃくりゅう》が正盛《まさもり》、忠盛《ただもり》、清盛、重盛《しげもり》、惟盛《これもり》と続いた、その六代目・高清《たかきよ》のことで、幼名を「六代」とされた。平氏は寿永《じゅえい》二年（一一八三）に源義仲《みなもとのよしなか》に追われて都落ちするが、六代の父惟盛は都に慣れ親しんだ妻子を伴って西走させるのは忍びないとして京に潜伏させた。しかし母子は二年後には北条時政《ほうじょうときまさ》に捕らえられ、斬首になるところを文覚《もんがく》の嘆願によって命を救われ、六代は僧となった。しかし、頼朝の死の直後に起こった土御門通親《つちみかどみちちか》殺害計画に、文覚も連座していたとされて佐渡に配流された。六代は文覚という庇護者を失ったため、このときに処刑されている。

　JR横須賀線の逗子駅前から「葉桜《はざくら》」行きバスを終点で下車し、住宅街を西方へ道なりに五〇〇メートルほどいくと、

六代御前の墓

ハイキングコース「ふれあいロード」の入口になる。その道を登っていくと一号墳に行きあたる。

ここで問題になるのは、長柄桜山の九〇メートルもある二基の古墳が築造できた、経済的な裏付けはどこにあったのだろうということである。

三浦半島は畑はあるが田が少ないところだ。基本的には、米が生産できなければ居住する人が少なく、古墳を建造するような大権力を持つ人物が生まれないのである。三浦半島の米の生産力は、後に源頼朝に協力する三浦一族の時代になっても解決したとは思われないのだが、三浦一族は海を渡って房総《ぼうそう》にも領地を確保していたとされる。さらに鎌倉時代には裏作も始まって、大人数が食っていけたとも考えられ、今後の研究が待たれるところである。

しかし、農業生産力が低くとも、古墳が造られている例があるのも事実だ。近くでは東京都の多摩川下流域にある「田園調布《でんえんちょうふ》古墳群」には、亀甲山《かめのこやま》古墳や宝萊山《ほうらいやま》古墳という全長一〇〇メートル級の古墳があるが、多摩川台付近は川が接近していて可耕地がないため、古墳を造った人たちの居住地は別にあったと考えねばならないのである。

そう考えると、長柄桜山古墳に葬られた主は、藤沢《ふじさわ》などを含む広大な地を支配する首長であったのかもしれない。当時の主要道である古東海道は、平塚《ひらつか》から鎌倉を通り、海沿いに逗子の沼間《ぬまま》に抜け三浦半島を横断していたようだ。

　平塚の真土大塚山《しんどおおつかやま》古墳も相模湾に面し、相模川に近い交通の要衝にあることで、ヤマト王権では交通の要衝を押さえる場所に古墳を築くという政策があったのかもしれない。しかし、三浦半島には長柄桜山古墳以前の古墳がなく、二基の古墳が突然に現われて、その後が続いていないということも問題なのである。

ヤマトタケルと相模

『古事記《こじき》』や『日本書紀《にほんしょき》』に登場する英雄に倭建命《やまとたけるのみこと》（日本書紀では日本武尊）がいる。

　西方の熊襲建《くまそたける》や出雲建《いずもたける》を討伐して帰った倭建命は、父の景行《けいこう》天皇から東方の蛮族の討伐を命じられて東国に向かった。倭建命が相模《さがみ》に着くと、国造《くにのみやつこ》から荒ぶる神がいると欺《あざむ》かれ、野中で火攻めに遭《あ》うが草那芸之大刀《くさなぎのつるぎ》で草を掃《はら》い、迎え火を点《つ》けて逆に敵を焼き尽くした。

　倭建命は相模の走水《はしりみず》に向かい上総《かずさ》に渡った。その時に古東海道を通ったとされるが、長柄桜山古墳を見たのだろうか。

　走水では海の神が波を起こして倭建命の船は進退窮《きわ》まったため、后《きさき》の弟橘媛《おとたちばなひめ》が入水《じゅすい》することで波は自《おの》ずから凪《な》いだと記されている。

鎌倉の横穴墓

古墳時代終末期から奈良時代にかけて、古墳の横穴式石室を模《も》して、自然の崖などの岩盤に横穴を掘った横穴墓が登場する。

古墳には「高塚を有する墓」の定義があり、厳密には横穴墓は古墳とされないが、関東では埼玉県吉見《よしみ》町の「吉見百穴《ひゃくあな》」に代表されるように横穴墓は多い。だが貧弱なものが多く、副葬品も粗末なことから一般民衆の墓だと考えられてきた。

ところが多摩川流域の東京・大田《おおた》区塚越《つかごし》一四号墳には、首長層が持つ「金銅装《こんどうぞう》の飾大刀《かざりたち》」などが副葬されており、限られた人の墓だとする考えも出てきた。

鎌倉市の各地にも横穴墓はあるが、中でも鎌倉市関谷《せきや》にある洗馬谷《せんばがやつ》横穴群には四基の横穴墓があり、その中の二号横穴には稚拙《ちせつ》な絵だが水上戦の様子が線刻で描かれており、こうし

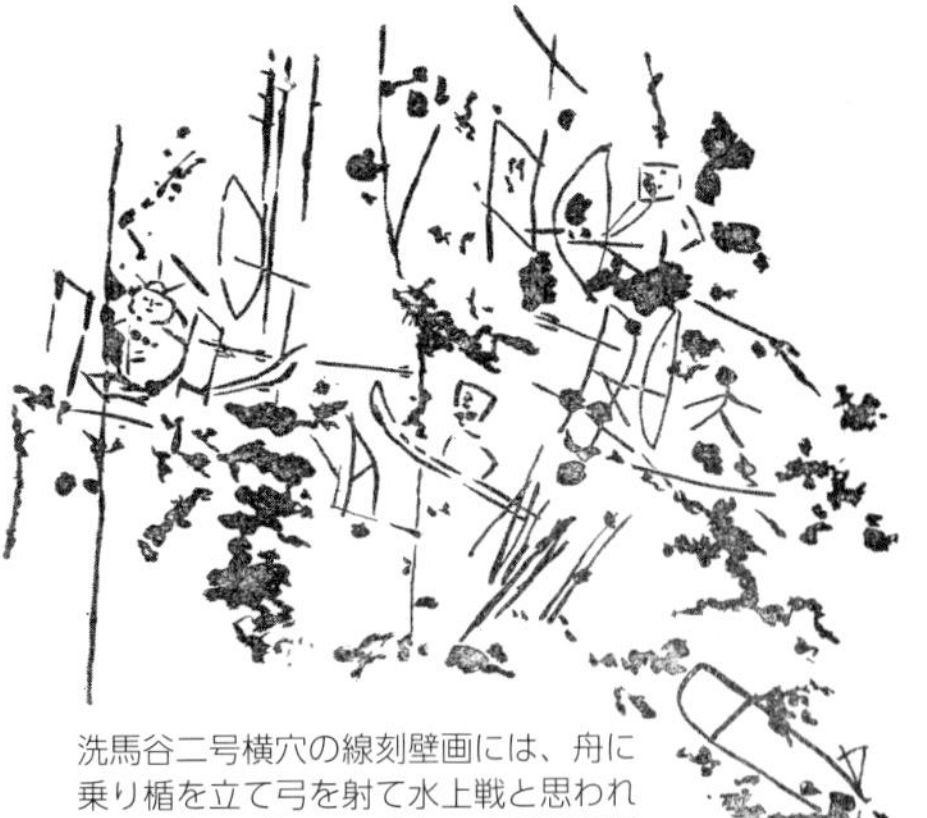

洗馬谷二号横穴の線刻壁画には、舟に乗り楯を立て弓を射て水上戦と思われる線刻壁画がある。現在の大船付近が沼地であった頃と考えられている

た戦いを勝ち抜いてきた人物の墓と思われる。

奈良時代には郡衙《ぐんが》があった

現在の神奈川県は、かつての相模国と武蔵国南部の橘樹《たちばな》・都筑《つづき》・久良岐《くらき》郡からなっている。相模国は相模川流域の相武国造《さがむのくにのみやつこ》、酒匂川《さかわがわ》流域の師長《しながの》国造、鎌倉・三浦を支配した鎌倉別《わけ》の領域からなり、武蔵三郡は無邪志《むさし》国造が支配していた。

国造はその地方の支配者だが、鎌倉別の「別」はヤマト王権に関連する豪族や王族である。

鎌倉の名は『万葉集』の東歌《あずまうた》に出ており、『正倉院文書』の天平《てんぴょう》七年（七三五）の「相模国封戸《ふうこ》租交易」に、「鎌倉郡鎌倉郷のうち三〇戸分の田一三五町一〇九歩の租の半分が、食封《じきふ》として高田王《たかだのおう》に与えられた」とあるようで、鎌倉郷は同時に郡の名にもなっており、郡衙《ぐんが》跡は鎌倉市役所の隣にあった。

鎌倉は明治時代以降に皇族や華族、政府高官の別邸が造営

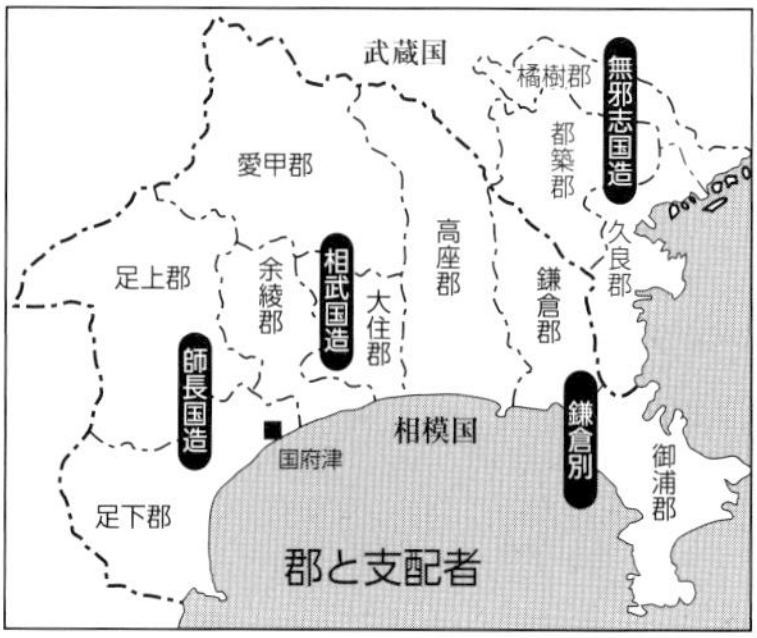

され、明治三十二年（一八九九）には、明治天皇の皇女（内親王）たちの避寒のための御用邸が造営された。だが内親王たちが結婚すると御用邸は顧《かえり》みられなくなり、大正十二年（一九二三）の関東大震災では甚大な被害があったため、宮内省の廃止対象となっていた。

当時の鎌倉町は人口増加により、新たな小学校の建設が必要で、宮内省に御用邸の払い下げを申請したところ、昭和六年（一九三一）に御用邸敷地の大部分が払い下げられ、御成《おなり》小学校、鎌倉市役所、鎌倉中央図書館などが建った。

昭和五十四年（一九七九）の御成小学校の改築工事で、中世鎌倉の都市遺跡が発掘され、有力御家人の屋敷跡や町屋跡が確認された。さらに、その下から古代の鎌倉郡の官衙《かんが》と倉庫群と推定できる郡衙遺構も確認され、付近から「糒《ほしいい》五斗天平五年（七三三）七月十四」や「鎌倉郷長丸子□□」と記された木簡《もっかん》が出土したので、奈良時代にはこの地方の中心地であったことが判明した。

この時期の鎌倉には東西に走る二本の幹線道路が通過しており、相模と海上から房総方面を結ぶルートの重要な結節点となっていた。山側の東西道は北鎌倉の山ノ内《やまのうち》の台山《だいやま》方面から源氏山《げんじやま》付近を通り、後に源氏ゆかりの地になる、現在の寿福寺《じゅふくじ》あたりに下り、窟堂《いわやどう》、生源寺《しょうげんじ》などを通過し、鶴岡《つるがおか》八幡宮南西角から荏柄《えがら》遺跡（荏柄天神社）、大倉観音堂（杉本寺）を経

窟堂の洞内に、かつては不動明王の浮彫りがあった

荏柄天神社は長治元年(1104)に里人が社殿を建て、頼朝は大倉御所の鬼門鎮守の社とした

杉本寺は天平の頃の草創とされ、鎌倉最古の仏教寺院である

甘縄神明社は和銅３年(710)に行基が草創したとされる

かつての郡衙跡に建つ御成小学校の校門

現在の今小路

て朝比奈《あさひな》峠山裾から六浦《むつら》へ抜ける道で、その先は海路で下総、上総国にいたる。海側の東西道は前述した古東海道で、稲村ヶ崎《いなむらがさき》方面から現在の御霊《ごりょう》神社、甘縄《あまなわ》神明社から由比ヶ浜《ゆいがはま》、名越《なごえ》を経て、逗子市の沼間《ぬまま》から横須賀の走水方面に抜けると考えられている。これには名越ではなく小坪《こつぼ》坂（現・光明寺《こうみょうじ》境内）から披露山《ひろやま》公園展望台東の駐車場脇を通ったという説もあるが定かではない。

古東海道とは、六四五年の律令制で地方行政区分の〝五畿七道《ごきしちどう》〟が制定され、当時は三浦半島を横切って走水付近に出て走水海（浦賀《うらが》水道）を渡り、上総の国から常陸《ひたち》の国へ抜ける国道である。

奈良時代末期の七七一年に〝五畿七道〟が再編され、武蔵国も東海道に編入された。それ以降東海道は相模原の台地を越えて武蔵国の国府《こくふ》（東京都府中《ふちゅう》市）への道になる。ちなみに金沢文庫《かなざわぶんこ》までは武蔵国で、すぐ隣の六浦《むつうら》は相模国である。

この二本の東西道を繋ぐ南北道は二本が想定でき、東側の道は現在の筋替橋《すじかえばし》から宝戒寺《ほうかいじ》の前を通り、大町から材木座《ざいもくざ》につながる小町大路《こまちおおじ》である。

西側の道は現在の寿福寺前から市役所の前を通り、六地蔵《ろくじぞう》で古東海道と交差する現在の今《いま》小路《こうじ》と考えられ、その今小路沿いの御成小学校が建つあたりに郡衙があったのである。

二章　平安時代の鎌倉

甘縄神明社

平安時代の軍事貴族

古代から東国人を防人《さきもり》に起用したように、東国は「兵《つわもの》」の産地である。時代を経てくると、原野を開墾《かいこん》して農地としていった。それらの開拓は大きな力と財力を持つ大寺院や大神社、藤原氏を代表とする貴族によって始められたが、やがて地方の豪族たちも土地を開拓して農地を広げていった。

しかし、立場の弱い豪族の土地は、しばしば領地争いや中央の国司や国主の代理である目代《もくだい》によって脅《おびや》かされたため、農地を奪われないように一族で土地を守るために結束を強めて自衛武装をした。こうした在地領主たちが武士の始まりであり、武士団の始まりとなる。

彼らの中には国衙との関係を得て、その力関係により〝介《すけ》〟〝掾《じょう》〟〝目《さかん》〟という位を受け、郡司《ぐんじ》や郷司《ごうし》となって支配地から税を集め、目代を通して国司や国主に納め、国々の役所の実務を司《つかさ》どった。これを在庁官人《ざいちょうかんじん》という。

彼らは領地内では実力者であっても、中央の役人には頭が上がらないというのが実態で、郡司や郷司になると自分の農地に税はかけられないが、国司や目代の交替に関連して罷免《ひめん》される可能性もあった。目代はそうした豪族たちの弱味につけ込んで「目代の取り分」を要求したり、豪族を労働や争いに狩り出すなどで利用した。

　そのため地方の豪族たちは、その時々の政治の権力者と結ぶことを希望しており、朝廷は彼らのこうした動きに乗じ、交替で京都大番役に任じて内裏《だいり》の警備をさせ、貴族たちは彼らの主人になって、かすかな位階や官職を与えられるようにしてやり、自らの荘園の管理をさせたりするようになる。

　一方、都では四位・五位の中・下級貴族が衛府《えふ》の官人、検非違使《けびいし》や諸国の受領《ずりょう》となったり、天皇や上皇、東宮《とうぐう》（皇太子）の身辺を守る滝口《たきぐち》の武者所《むしゃどころ》や帯刀《たてわき》という武官たちがいた。彼らは騎射《うまゆみ》の武芸を鍛錬し、流鏑馬《やぶさめ》、笠懸《かさがけ》、犬追物《いぬおうもの》を宮中の祭礼行事などで披露している。こうした軍事貴族の代表が伊勢《いせ》平氏、河内《かわち》源氏、秀郷《ひでさと》流藤原氏で「兵の家」とされた。

　牛車《ぎっしゃ》に乗った軟弱な貴族のイメージは、中国の影響を受けた九世紀以降のもので、天智《てんち》朝以来の律令官人には騎乗の伝統があり、芸の家業化は中央の下級貴族や官人層からはじまって、その風潮が地方に波及して

鎌倉では現在でも、4月第三日曜日、9月16日、10月第一日曜日に、鶴岡八幡宮の流鏑馬神事が行なわれている

いったのである。

平安時代以降に弓射騎兵が武の中心になると、牧《まき》が多く質の良い馬を産出する東国の武士たちは強力になり、平将門《たいらのまさかど》の乱に代表されるように、国司の支配に抵抗するようにもなる。

最初に板東《ばんどう》に威勢を張ったのは平氏であった。

桓武《かんむ》天皇の曾孫高望王《たかもちおう》は、寛平《かんぴょう》元年（八八九）に宇多《うだ》天皇の勅命で平《たいら》姓を賜《たまわ》って臣籍降下《しんせきこうか》し、昌泰《しょうたい》元年（八九八）に上総介《かずさのすけ》に任じられた。常陸《ひたち》国、上総国、上野《こうずけ》国の三国は親王任国のため、国守《くにのかみ》の親王は京にいる。そのため二等官の介が実質的な国守であった。

当時は諸国の長である国司が任地に赴《おもむ》かない遙任《ようにん》も少なくなかったが、平高望は五人の息子をともなって赴任したのである。長男の国香《くにか》（良望《よしもち》）は常陸国真壁《まかべ》郡石田荘《いしだのしょう》を本拠とし、常陸大掾《だいじょう》である源護《みなもとのまもる》の娘を妻としており、やがて常陸大掾を譲られて常陸に勢力を扶植《ふしょく》していった。

●東国、関東、坂東
東国の呼び方は時代によって変化し、六七二年の壬申の乱の頃は、不破関《ふわのせき》より東の東日本を指している。関東とは鈴鹿関《すずかのせき》（伊勢国）、不破関《ふわのせき》（美濃《みの》国）、愛発関《あらちのせき》（越前《えちぜん》国）の三関の東を意味し、後に愛発関は逢坂関《おうさかのせき》（近江《おうみ》国）に変更された。

坂東《ばんどう》とは駿河《するが》と相模の国境にある足柄坂《あしがらのさか》、信濃《しなの》と上野の国境にある碓氷坂《うすいのさか》の東にある相模、武蔵、安房《あわ》、上総、下総、常陸、下野、上野国で、現在の関東地方の一都六県で、江戸時代には関八州とされた地域である。

鎌倉時代には鎌倉幕府自体が「関東」と呼ばれ、頼朝の時代には三河《みかわ》、信濃、越後《えちご》も含む以東になっている。

次男の良兼《よしかね》は下総《しもうさ》に勢力を伸ばし、三男の良将《よしまさ》は下総国豊田荘《とよだのしょう》を本拠にして未墾地を開発し、鎮守府《ちんじゅふ》将軍を務めるなどしている。四男の良茂《よしもち》は常陸国水守《みもりのごう》郷を本拠とし、五男良文《よしふみ》は下総国相馬《そうま》郡村岡《むらおか》を本拠とするというように、高望王の子らはそれぞれが逞しく桓武平氏

桓武平氏略系図

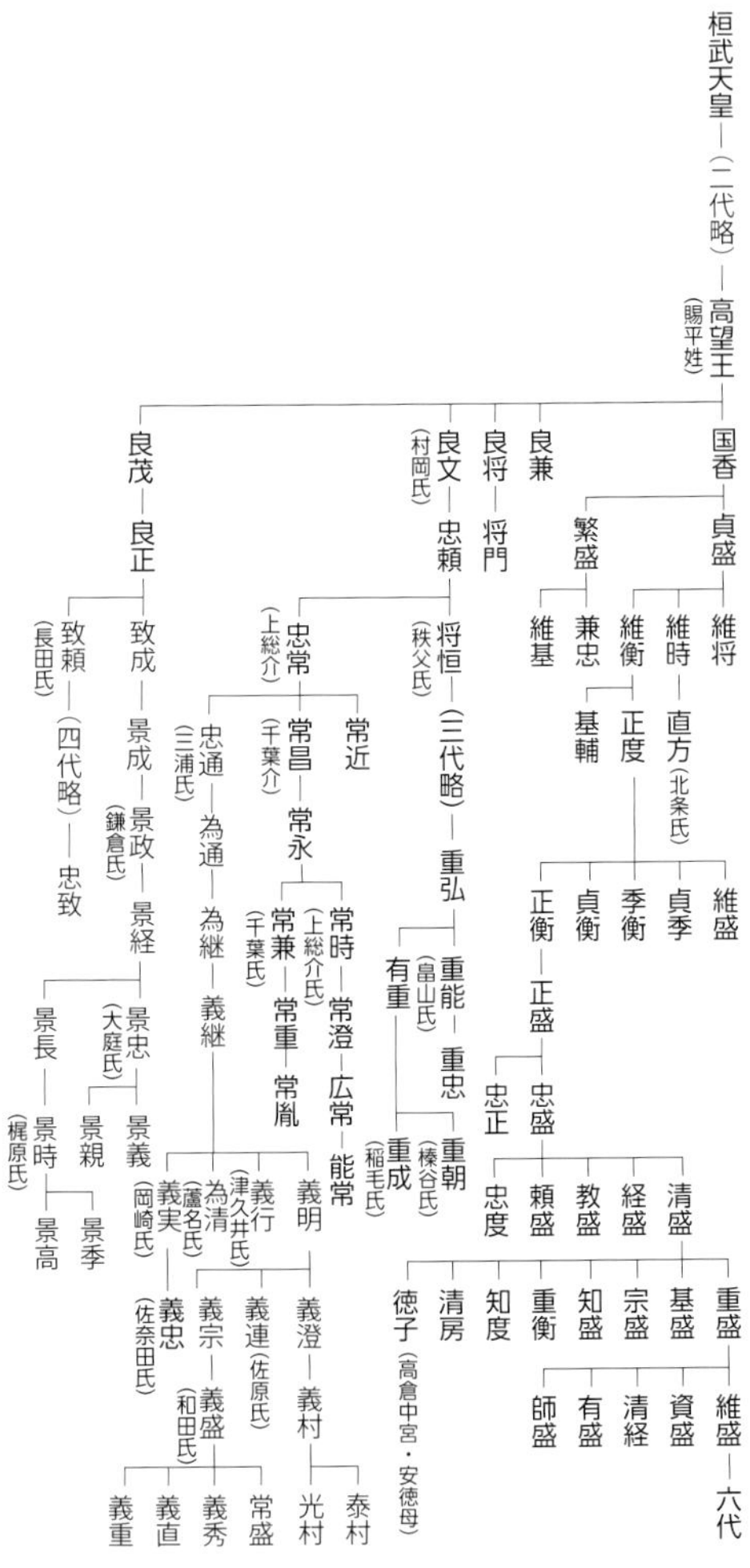

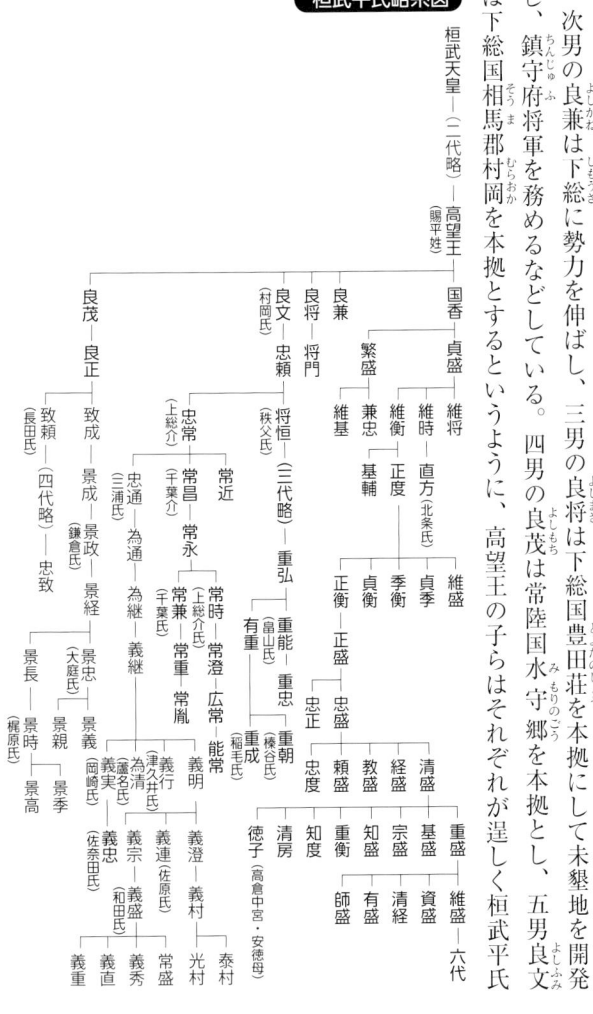

の勢力を坂東に拡大していったのである。

しかし彼らは坂東に完全に土着したわけではなく、時には上洛して京の政界にも関わって、坂東での勢力拡大に効果的な政治的地位を保持していたのである。

清和源氏の登場

平安時代になると、中央から派遣された官人たちは、任国で強引な収奪により財を蓄えて京に帰ることが常態となり、たびたび在地領主たちと諍《いさか》いを起こしていた。

桓武平氏と対比される清和《せいわ》源氏の坂東進出は平氏よりも遅く、承平《じょうへい》八年（九三八）に清和天皇の孫の経基《つねもと》が、源《みなもと》姓を賜って武蔵《むさし》国の介として赴任した。同時に武蔵権守《ごんのかみ》で赴任した興世王《おきよおう》とともに、足立《あだち》郡の郡司の武蔵武芝《たけしば》に対して土地調査の検注《けんちゅう》を命じたが、これは貢ぎ物や賄賂《わいろ》を要求するもので、武芝は国司の赴任前には検注しない慣例を楯に拒否した。

だが興世王と経基は兵を率いて武芝の郡家を襲って略奪したため、武芝の懇請によってこの仲介に動き出したのが高望王の三男良将の子将門であった。

経基は恐れを感じて京に逃げ帰り、将門、興世王、武芝の謀反《むほん》を訴えたのだが、翌年五月に、将門らは常陸、下総、下野、武蔵、上野の国府から、「謀反は事実無根」という証明書を添えて朝廷に送ると、経基は誣告罪《ぶこくざい》で左衛門府《さえもんふ》に拘禁された。

しかし、常陸で不動倉を破って追捕《ついぶ》された藤原玄明《ふじわらのはるあき》が、将門に庇護《ひご》を求めたため、将門は天慶《てんぎょう》二年（九三九）十一月に常陸国府に赴いて常陸介藤原惟幾《これちか》に玄明の追捕撤回を求めた。だが常陸国府はこれを拒否し将門に宣戦を布告したのである。

国府軍といえど将門の敵ではなく、藤原惟幾は降伏して国衙《こくが》の印綬《いんじゅ》を将門に手渡したため、将門は不本意ながらも謀反人となってしまったのだ。

このことが朝廷に伝えられると経基の罪は許され、翌年には従五位下に叙され、将門追討の征東大将軍藤原忠文《ただふみ》の副将軍に抜擢《ばってき》されたのである。

追討軍が坂東に到着する前に、藤原秀郷と国香の子貞盛《さだもり》によって将門は討ち取られていた。そこで朝廷は、時を同じくして起こっていた元伊予掾《いよのじょう》藤原純友《すみとも》の反乱に対処させるため、経基を大宰権少弐《だざいごんのしょうに》に補任《ぶにん》した。九州に向かった経基は天慶三年（九四〇）十二月に、追捕凶賊使《ついぶきょうぞくし》の次官に任命されたが、決戦の場での記録に名はなく、純友が討ち取られた後の残党追

東京・大手町にある将門の首塚

捕が唯一の功績であった。

満仲《みつなか》の時代

経基の子満仲《みつなか》は、安和《あんな》二年（九六九）に起こった安和の変に〝密告〟という功績で正五位下に叙された。この事件は、村上《むらかみ》天皇の崩御後に冷泉《れいぜい》天皇が即位したが、子がなく病弱なため早急に東宮を定めることになり、弟の為平《ためひら》親王と守平《もりひら》親王が候補とされた。年長の為平親王の岳父は左大臣源高明《たかあきら》だが、藤原北家の伊尹《これまさ》と兼家《かねいえ》は、藤原氏でない高明が外戚《がいせき》となることを牽制して弟の守平親王を東宮に立てた。これを不満とした高明は謀反を企《くわだ》て、将門追討の功労者藤原秀郷の子千晴《ちはる》が京に進出してくると政治的に結びついた。

源満仲の妻は高明の妻とは従姉妹《いとこ》の関係で、満仲は藤原北家よりも高明に近かったが、武士としてライバル関係にある千晴が高明と結びついたことで、高明を裏切ったと思われる。満仲は藤原氏摂関《せっかん》家の信任を得るようになって、武蔵・摂津《せっつ》・越後・越前・伊予《いよ》・陸奥《むっ》などの受領を歴任した。、武士の第一人者の地位を獲得し、摂津国多田《ただ》（兵庫県川西市）で郎《ろう》党《とう》を組織して武士団を形成した。

満仲の長子頼光《よりみつ》が多田を相続して〝摂津源氏〟を形成し、異母弟の頼親《よりちか》は大和《やまと》に進出して〝大和源氏〟を、頼信《よりのぶ》は〝河内《かわち》源氏〟をというように京近郊に拠点を築き、天皇・朝廷を護《まも》る武力を養っていった。

頼光は関白兼家の子道長《みちなが》にも仕えて、源氏興隆の礎《いしずえ》を築いていく。寛仁《かんにん》二年（一〇一八）三月には、摂津国大江山《おおえやま》に蟠踞《ばんきょ》する夷賊《いぞく》追討の勅命を賜り、郎党である頼光四天王《らいこうしてんのう》らとともに討伐をしている。これは大江山の鬼退治として、お伽話《とぎばなし》になって語られている。

河内源氏を興した頼信の母は藤原到忠《むねただ》の娘で、母の弟は大盗賊の袴垂保輔《はかまだれやすすけ》である。母方も荒々しい血筋であったためか過激な言動が多い。

清和源氏略系図

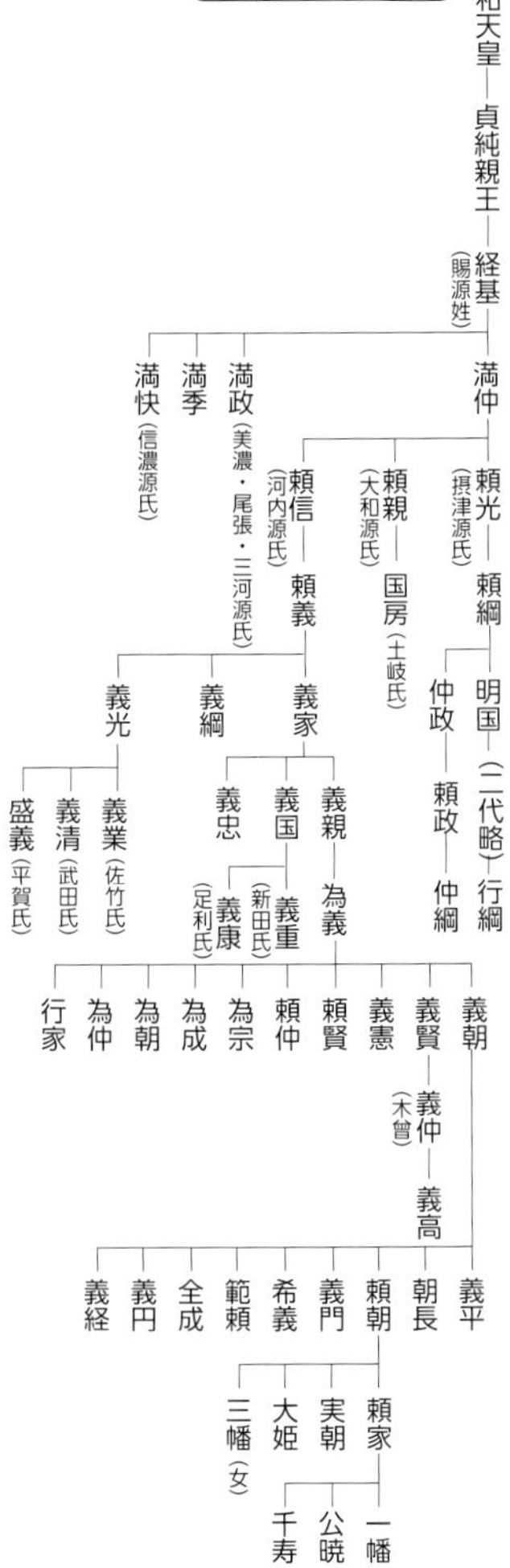

『今昔物語《こんじゃくものがたり》』巻二五ノ第一〇の「頼信の言《こと》により、平貞道《さだみち》、人の頭《かしら》を切ること」には、兄頼光の屋敷で宴会が開かれたとき、頼信は兄の郎党平貞道を呼び、駿《する》河《が》で頼信に無礼を働いた者を殺害するように命じた。貞道は三浦氏を興す忠通《ただみち》のこととされ、たびたび上洛して頼光に仕えていたようである。

貞道が所領に帰る途中の駿河で、その男と出会ったので、直接の主人でもない頼信から殺害の命令を受けているが、自分はとりあわないと話した。ところが、その男は貞道に「自分ほどの者を思い通りに討ち取れないだろう」と言い残して別れていった。貞道は自分の力量を侮《あなど》られたと知り、引き返して男を討ち取って首を頼信に献じたというのである。

東国では力量を侮られると滅亡を招きかねない危険があり、武士は武名を重んじて粗暴であった。頼信はこうした東国武士の性格を利用して、東国武士団を支配していくのである。

彼は兄二人が摂政《せっしょう》道長《みちなが》一族の側近として脚光を浴びたのに対して、上野介や常陸介を歴任

「大江山酒呑童子絵巻物」に描かれた頼光主従
(国立国会図書館蔵)

した。東国の荒々しい風土が彼に適したようでもある。

頼信の時代

『今昔物語』巻二五ノ第九に「源頼信朝臣《あそん》平忠恒《ただつね》（忠常）を責むること」という話がある。

常陸介として受領であった源頼信は、常陸国内の徴税に応じない平良文の孫忠常を追討することにした（平忠常は下総を本拠としているが、上総や常陸にも所領があった）。

平国香の孫で常陸の豪族平惟基《これもと》（惟幹）は忠常と同族だが、頼信の呼びかけに応じて大軍を率いて追討軍に加わった。将門の乱で平良文は中立の立場を貫きながら、国香や良兼の所領を侵略したことで、国香・良兼の家系は良文の家を仇敵《きゅうてき》としていたのである。

これを知った忠常は、霞ケ浦《かすみがうら》や利根川《とねがわ》にあった船を隠し、追討軍に陸路を迂回させて時間稼ぎをしようとした。だが、頼信は家の言い伝えとして浅瀬を知っていたので、頼信の軍勢は浅瀬を渡ってたちまち忠常の館に殺到した。驚いた忠常は降

源頼信が描かれた武者絵

伏し、頼信に臣従することを誓ったという。

その忠常が、長元《ちょうげん》元年（一〇二八）六月、安房《あわ》守平惟忠《これただ》を殺害し上総の国衙を占領したのである。上総の国人《こくじん》たちは忠常に加担し、反乱は安房、上総、下総に広まった。

忠常は京の政界と関係を持っていて、藤原道長の子で内大臣教通《のりみち》を主人と仰いで下総権介の任にあった。そこで教通を通じて追討を回避できるように工作したが、教通の兄の関白頼《より》通《みち》は許さず、検非違使の平直方《なおかた》と中原成通《なかはらなりみち》を追捕使とした。

桓武平氏の嫡流貞盛の孫直方は、関白頼通に家人《けにん》として仕えており、頼通は直方に仇敵である忠常を討たせる機会を与えたのである。常陸には平惟基のような強力な味方もいることで追討は容易と思われ、直方は相模の鎌倉に本拠を置いた。

しかし、忠常は徹底抗戦に出たため、追討は難航した。翌年に朝廷は、直方の父維時《これとき》を上総介に、伊勢で勢力を張る一族の正輔《まさすけ》を安房守に任じ、東海道、東山道《とうさんどう》、北陸道の諸国に忠常追討を命じて直方軍を増強したが、戦いは泥沼化して鎮定《ちんてい》は進まなかった。

朝廷は源頼信を甲斐《かい》守に任じたうえで直方を更迭《こうてつ》した。長元三年（一〇三〇）九月に頼信が追討使に任じられ、翌年春に任国の甲斐に向かった。この時、頼信が僧になっていた忠常の息子をともなっていたのは、忠常を説得する心づもりだったと思われる。

長い戦いに疲れた忠常は常昌《つねまさ》・常近《つねちか》の二人の息子をともなって、甲斐の頼信を訪れ降伏を申し出た。頼信は忠常を連れて京に向かうが、忠常は途中の美濃《みの》国野上《のがみ》で病死している。三年におよぶ戦いで房総半島は荒廃し、上総国は二万三〇〇〇町あった公田《くでん》が一八町に減少しているありさまだったとされ、追討使の直方らの朝廷軍は、戦いよりも農民から収奪することに熱心だったと記録されている。

頼信の名声は高まり、東国の豪族たちは彼に政治的な仲介を依頼することも多くなり、頼信は忠常の乱鎮定の恩賞に美濃守を希望した。東国に家人が多く、比較的京に近く東国への行き来もできるように美濃を選んだようだ。

頼信はすでに六〇歳を超えていたが、武人として旺盛な力を漲《みなぎ》らせており、美濃で首藤《すどう》氏など重代の家人となる者もつくり、美濃は河内源氏に重要な地となっていき、やがて頼信の河内源氏が清和源氏の中心となっていく。

また、この乱の後には、安房守に任じられた平正輔の弟正度《まさのり》の系統が平氏の嫡流となり、伊勢平氏と称されるようになる。坂東に残された平氏は、しだいに惣領《そうりょう》家との関係が希薄になっていき、坂東各地で畠山《はたけやま》、三浦、中村《なかむら》、土肥《どひ》、鎌倉、梶原《かじわら》などの土着豪族となっていった。さらに、忠常の子常昌の子孫が上総介氏と千葉氏となり、房総半島の支配者になる。

そして頼信の長男頼義《よりよし》は、長元九年（一〇三六）に相模守に任じられ、忠常の乱の平定に失敗した直方は頼義を娘婿に迎え、やがて頼義に嫡男の義家《よしいえ》が誕生すると、本拠の鎌倉を義家に贈って伊豆に住み北条《ほうじょう》氏の祖となる。

前九年《ぜんくねん》の役《えき》

平忠常の乱を平定したことで、頼信は関白頼通の信頼を得た。長男の頼義は武士としての資質が高く、彼が相模守になると逢坂関《おうさかのせき》以東の武士は頼義に靡《なび》いた。

陸奥守藤原登任《なりとう》は、陸奥国奥六郡《おくろくぐん》の郡司安倍頼良《あべのよりよし》が反抗的なため討伐しようとし、秋田城介《あきたじょうのすけ》である平重成《しげなり》を先鋒に、鬼切部《おにきるべ》（宮城県鳴子《なるご》町）で戦ったが惨敗を喫していた。

永承《えいしょう》六年（一〇五一）に朝廷は源頼義を陸奥守に任じ、安倍氏追討を命じた。だが、上東門院《じょうとうもんいん》（道

源頼義が平直方から譲られた鎌倉の居館は、源氏代々の東国の拠点となり、現在は寿福寺が建つ

長の娘彰子《しょうし》で後一条《ごいちじょう》・後朱雀《ごすざく》天皇の母）の病気平癒《びょうきへいゆ》祈願による大赦《たいしゃ》があり、安倍頼良は罪を許されて頼義に帰服した。頼良は鎮守府将軍を兼務する頼義と同訓であるのを憚《はばか》って名を頼時《よりとき》と改め、頼義に従順に奉仕した。

しかし、頼義の任期が終了しようとする天喜《てんぎ》四年（一〇五六）に、権守藤原説貞《ときさだ》の子らが襲われる事件が起こり、安倍頼時の子貞任《さだとう》の仕業《しわざ》として頼義に訴えたので、頼義は貞任の処罰を命じようとした。

これに対して安倍頼時は「貞任愚《おろ》かなりといえども、父子の愛は棄て忘るべからず」と反旗を翻《ひるがえ》し、衣川《ころもがわ》関を閉鎖したので、頼義は安倍氏追討を命じ、「前九年《ぜんくねん》の役《えき》」がはじまった。これは陸奥に勢力を扶植しておきたい頼義が、武力発動のチャンスを狙って安倍氏を挑発し、戦いに持ち込んだとされる。

安倍勢の戦意は旺盛で、頼義が頼みとする坂東の武者たちは飢饉《ききん》によって士気が上がらず苦戦してしまった。天喜《てんぎ》五年（一〇五七）六月には、安倍頼時が流れ矢に当たって戦死したが、貞任は奥六郡以南も支配下に置き威勢をあげる。

頼義勢から地元の有力勢力である藤原経清《つねきよ》が離脱した後の十一月、頼義は一八〇〇人の軍勢を掻《か》き集めて決戦を挑んだ。だが安倍貞任に黄海《きのみ》（岩手県藤沢町）で四〇〇〇人の兵力で迎え討たれて惨敗を喫《きっ》した。このとき頼義の身辺には嫡男義家と郎党五人だけとなったが、義家の神懸《かみが》かった射芸《しゃげい》により、死地を脱出することができた。この時に相模の武士で三十年来の頼義の家人佐伯経範《さえきのつねのり》は、頼義が討ち死にしたと誤解して敵陣に突入し戦死していた。

黄海の惨敗によって頼義は逼塞《ひっそく》したが、陸奥守の任期が迫っており、形振《なりふ》り構わず出羽《でわ》の豪族清原武則《きよはらのたけのり》に救援を求めた。彼は朝廷の支配に属するようになった陸奥や出羽の蝦夷《えぞ》である俘囚長《ふしゅうのちょう》とされるが、従五位下の位階を持っており、中央政界とも繋《つな》がっていた。ちなみに出羽清原氏は俘囚主を称し、奥州藤原氏は俘囚上頭を称している。

康平《こうへい》五年（一〇六二）春には、後任の陸奥国守高《たか》階経重《しなのつねしげ》が任地に到着していた。だが頼義に従った陸奥の武士たちには、頼義が戦いから手を引くことは敗戦を意味し、自身が滅亡する危機となるため、高階経重は陸奥の武士たちから支持を得られず京に帰っていった。

頼義が集めた兵は三〇〇〇人ほどだったが、八月

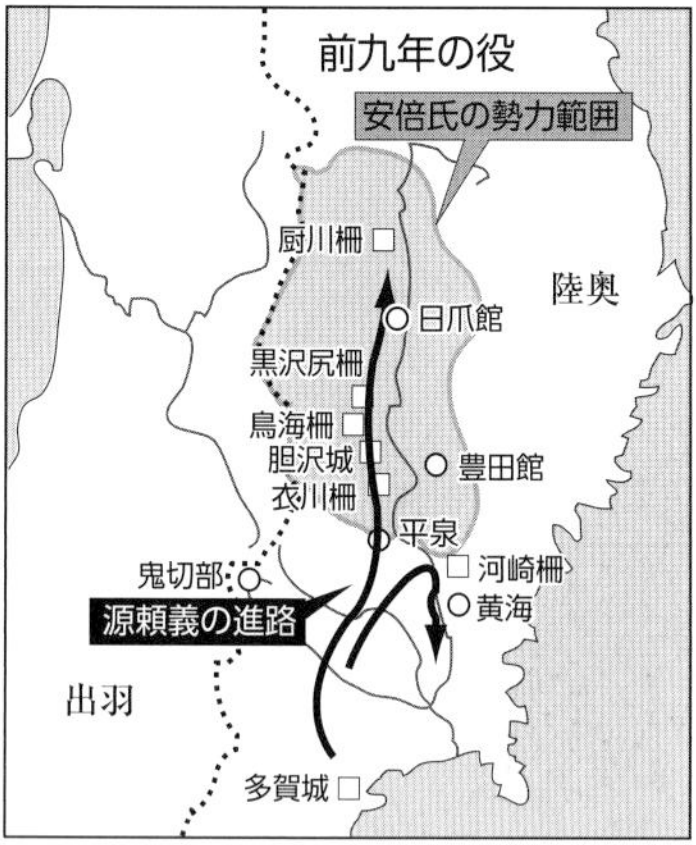

になって清原武則が一万人の兵を率いて参陣した。これで討伐軍は勢いづき、たちまちのうちに衣川柵《ころもがわのさく》、鳥海柵《とりみのさく》を陥《おと》し、安倍貞任を厨川柵《くりやがわ》に追い詰め、九月にはこれも陥落させて戦いは終結した。

翌年に論功行賞《ろんこうこうしょう》があり、清原武則は鎮守府将軍に任じられた。武則は安倍氏の勢力範囲である奥六郡にまで勢力を拡大し、陸奥と出羽での地位を確立した。

朝廷は頼義の帰京を待たずに恩賞を与え、頼義は正四位下となり伊予《いよ》守に任じられ、子の義家は出羽守に、義家の弟義綱《よしつな》は左衛門尉《さえもんのじょう》に任じられたが、この戦いでの戦功は清原武則に横取りされた形となっていた。

康平六年（一〇六三）八月、頼義たちは陸奥からの帰途に鎌倉に立ち寄り、源氏の氏神である京の石清水八幡宮《いわしみずはちまんぐう》を鎌倉の由《ゆ》比郷《いごう》に若宮《わかみや》として勧請《かんじょう》した。これは現在の元八幡《もとはちまん》（由比若宮）で、源氏の拠点としての鎌倉の始まりである。

義家の時代

義家は、承保《じょうほう》四年（一〇七七）十月には下野守の任を終え帰

石清水八幡宮を勧請した若宮（元八幡）

京し、後任の下野守には弟の義綱が任じられた。陸奥と出羽に不穏な情勢が続いたことから、両国に接する下野の国守には武門の源氏が選ばれることが多かった。

永保《えいほう》三年（一〇八三）九月、義家は陸奥守兼鎮守府将軍として赴任するが、その途中で鎌倉に立ち寄り由比の若宮を修復している。

このとき、前九年の役後に奥羽に支配権を伸ばした清原氏嫡流と、一族の間に内紛が起こっていた。義家には、二〇年前の前九年の役で清原氏に手柄を横取りされた思いがあり、嫡流の清原真衡《さねひら》に加担して内紛に介入した。真衡の異母弟家衡《いえひら》と清衡《きよひら》が義家に降伏すると、義家は奥六郡を二人に支配させたが、真衡死後の嫡流争いで清衡が義家に救援を求めてきた。家衡には叔父の武衡《たけひら》が合流し、義家は清衡を支援して参戦し、後三年《ごさんねん》の役《えき》となった。

おりからの寒気と飢饉に悩まされたが、義家は、雁《かり》が列を乱して飛ぶすのを見て敵の伏兵を見破って撃退し、金沢柵を包

義家は東国に勢力を扶植していった
（府中市・大國魂神社の源義家像）

囲しても敵の消耗を待って味方を温存するなど秀逸な軍略をとった。寛治《かんじ》元年（一〇八七）十一月、家衡と武衡が籠《こ》もる金沢柵は糧食が尽きて陥落し、後三年の役は終了した。

だが前年の応徳《おうとく》三年（一〇八六）には、白河天皇が善仁《たるひと》親王（堀河《ほりかわ》天皇）に譲位して上皇となり院政が始まっていた。これ以降は天皇位にあるのは子どものうちだけで、子や孫を天皇位に就けて上皇（院）となって実権を握るようになる。上皇は天皇の任務である多くの宗教行事や政務から解放されて自由な立場になり、天皇への父権で政権を握り、上皇の院が政務を行なう「院政」となった。後に政務を行なう上皇は「治天《ちてん》の君《きみ》」と呼ばれるようになる。

朝廷は、貢献を怠らない清原氏を攻めた義家の戦いを私戦としたため、義家に恩賞は与えられなかった。そのため義家は私財から配下に恩賞を与えたので、坂東の家人たちとの主従関係が一層に深まっていった。これによって義家の信望は全国に高まり、義家には諸国の有力農民から田畑の寄進が相次いだ。

すべての土地は天皇のものという公地公民《こうちこうみん》の制度は、奈良時代に農地増加を図って墾田《こんでん》私有を認めたために崩れ、荘園が発生した。有力な貴族や寺社には田地への租税が免除される不輸《ふゆ》・不入《ふにゅう》の特権があった。そのため地方の豪族たちは、朝廷の重い税や中央から派遣された役人の横暴から、一族と領地を守ろうとして、中央の有力者に自らの田地を寄進して有力者の荘園とした。農地を寄進した豪族たちは、自分の農地である荘園の管理人となって、有力者にわずかな貢物を献じることで済ませていた。

ところが朝廷は、義家の勢力が強大化することを怖れ、寛治五年（一〇九一）六月には諸国農民の公験《くげん》（土地の所有権証明書）を義家に寄進することを禁止した。ちょうどこの時期には、政治の中心は上皇の院となって、摂関家の政治力が低下していったため、摂関家に仕える源氏も京での勢力を凋落《ちょうらく》させていく。

勢いを失いつつある摂関家は、義家の仲介によって陸奥・出羽や坂東の諸国に荘園を拡大させて、義家の家人たちはその荘園の管理人として在地での勢力を拡大させていった。

武蔵や相模は、元々いくつかの大きな豪族が支配した地域だが、荒れ地を開墾して農地とした者もそれぞれ武士団を作っていった。そして領地を有力な貴族や大きな寺社に寄進して重い税から逃れたり、国府の支配下に入って郡司や郷司といった地方役人となって免税の権利を得ようとしたのである。

後三年の役で従軍した村岡為通《むらおかのためみち》は、相模国三崎荘《みさきのしょう》の領主となり、勢力を北進させて三浦半島全域を自領として、三浦為通を名乗るようになっていた。前九年の役で敵の陣営に突入して討ち死にした佐伯経範の子孫の波多野経秀《はたのつねひで》は波多野荘（秦野市《はだの》）を領していく。

後三年の役で敵に右目を射貫《いぬ》かれたが、その敵を射殺して勇名を馳せた平景政《かげまさ》は、鎌倉権《ごん》五郎《ごろう》と名乗って鎌倉の西部を開墾していたが、現在の藤沢市である大庭《おおば》に広大な農園を作り、それを伊勢神宮に献納して御厨《みくりや》としている。厨《くりや》は調理場のことだが、伊勢神宮の神々の食べ物を作るところとで御厨と呼ぶ。

現在の茅ヶ崎《ちがさき》市と藤沢市にまたがった大庭御厨は、一二の郷《ごう》（村）があったという記録があり、広大な土地であった。鎌倉市坂ノ下の御霊《ごりょう》神社は権五郎神社ともいい、景政を祭神とし鎌倉一族が崇拝する神社である。

後三年の役後に、奥州に覇権を確立したのは、安倍氏と清原氏の遺産を一身に継承した清衡《きよひら》である。清衡は藤原秀郷の子孫経清《きよつね》が父で、奥州藤原氏の祖となった。

奥州藤原氏は京の朝廷や摂関家、権門・貴族には欠かさず砂金や馬などの献上品を贈り続けたため中央政府から信頼され、代々の奥州支配を容認されていったのである。

鎌倉権五郎景政を祀る御霊神社

源義光の系譜

義家は京の石清水《いわしみず》八幡で元服したので八幡《はちまん》太郎《たろう》と呼ばれ、次弟の義綱は加茂《かも》神社で元服し加茂次郎と呼ばれる。三弟の義光《よしみつ》は近江《おうみ》国の新羅《しんら》明神《みょうじん》（大津《おおつ》の三井寺《みいでら》）で元服し、新羅《しんら》三郎と呼ばれ、この三人は同母であった。

奥州の後三年の役で、兄義家が苦戦していると知った義光は、寛治《かんじ》元年（一〇八七）に左兵衛尉《さひょうえのじょう》の官を辞して陸奥に向かった。義光は文武両道に長けた武将として伝えられており、堀河院の笙《しょう》師範で北面に列した豊原時忠《とよはらのときただ》から笙の秘曲を学び、笙の名器 交《まじえ》丸《まろ》を譲られたとされる。義光が兄義家の援軍として陸奥に赴《おもむ》くときに、時忠は逢坂関《おうさかのせき》まで送り、別れを惜しんで帰らないのを見て、義光は名器交丸を時忠に返還したとか、足柄山《あしがらやま》で笙の秘曲を時忠の甥時秋《ときあき》に授けたなどの伝説がある。

武での義光は、現在も伝わる古武道の大東流《だいとうりゅう》合気柔術《あいきじゅうじゅつ》の流祖であり、弓術や馬術、礼法に通じる流鏑馬《やぶさめ》を、今に伝える武田《たけだ》流

義光が足柄山で豊原時秋に笙の秘曲を授ける

や小笠原《おがさわら》流も義光の流れを汲《く》むものとされる。

義光は後三年の役後に官に復し、刑部丞《ぎょうぶのじょう》から常陸介や甲斐守を歴任した。長男義業《よしなり》の子孫が常陸で佐竹《さたけ》氏となり、義業の弟義清《よしきよ》の系統は甲斐や信濃《しなの》で武田氏、小笠原氏、南部《なんぶ》氏に、義光四男盛義《もりよし》の子孫は平賀《ひらが》氏となって、それぞれの地で繁栄していった。

義光は京の祇園《ぎおん》社を鎌倉に勧請し、現在の鎌倉市大町に八雲《やぐも》神社を建立して戦勝を祈願したという。また八雲神社の裏に館も構えたとされ、その跡は大宝寺《だいほうじ》になっている。この地は、後に頼朝から義光子孫の佐竹秀義《ひでよし》に与えられ、佐竹屋敷と呼ばれた。

凋落《ちょうらく》していく源氏

義家の次男で嫡男の義親《よしちか》は対馬《つしま》守に赴任していたが、大宰府《だざいふ》の命に従わず官物を横領したとして、康和《こうわ》三年

佐竹屋敷は大宝寺になっている

八雲神社には、義光が手鞠のようにした「新羅三郎手取り石」がある

義光が京の祇園社を勧請した八雲神社

（一一〇二）七月には大宰権帥《ごんのそち》大江匡房《おおえまさふさ》から訴えが出され、隠岐《おき》に配流された。

義親は、耕地の少なく収入に乏しい対馬《つしま》の国守にしかなれなかったことに不満があったが、義家親子が経済的に窮乏し、適所に献上品を贈れなかったのである。

また、義家三男の義国《よしくに》は下野国足利《あしかが》を足がかりに勢力拡大を図っていたが、嘉承《かしょう》元年（一一〇六）六月には、常陸《ひたち》国で叔父の義光と合戦沙汰になっている。

晩年を迎えた義家の生活は安泰したものではなく、七月に六八歳で死亡すると、義親は隠岐を脱出して出雲《いずも》の国衙を襲い、国守藤原家保《いえやす》の目代を殺害して官物を奪った。

朝廷は、白河院の近臣で因幡《いなば》の国守平正盛《まさもり》を追討使に任じると、正盛はすばやく活動して義親を討伐し、嘉承三年（一一〇八）一月に京に凱旋したため、京中を興奮させた。

河内源氏の嫡流には義家四男の義忠《よしただ》がなったが、天仁二年

岩屋に陣を構えた義親を追討する正盛軍（「大山寺縁起絵巻」より）

（一一〇九）二月に殺害され、殺害現場に義家の弟義綱の子義明《よしあき》の刀が残されていた。義明は義家に協力して前九年の役を戦った、義家の弟加茂次郎義綱の子である。

義綱は子の義明に義忠殺害の嫌疑がかけられたため、連座を怖れて東国に向けて出奔したが、これを追捕する命を受けたのは、義親の四男で義忠の養子となっていた為義《ためよし》である。

だが、この事件の真犯人は、後三年の役で義家を助けた新羅三郎義光だったようだ。義光は源氏の棟梁《とうりょう》の座を狙って、一挙に義忠と義綱を抹殺する陰謀をめぐらせたのである。

義光は義忠の養子となっていた若い為義を助けて、義綱を捕縛させていたが、やがて義光が自らの郎党に言い含めて、義忠と義明の郎党に送り込んだことが判明した。情に深い人物とされた義光だが、晩節を汚し、勢力圏である常陸国に逃亡したのである。

一四歳と若い為義は、義綱捕縛の功績で左衛門尉に就任し、河内源氏の嫡流を継承したが、諸事件による源氏の受けた傷は大きかった。同じ年齢の平忠盛《ただもり》が受領《ずりょう》を歴任していっても、為義は検非違使《けびいし》のまま長く留め置かれていた。こうして源氏の棟梁家は勢いを失い、反面、平氏は朝廷内での地位が上がって、武士の第一人者の地位は、河内源氏から伊勢平氏へと移ったのである。

失地回復に東国に向かった義朝《よしとも》

若い為義が当主では、荒くれ者集団である河内源氏の統制は効《き》かなかった。だが、白河院は平氏の対抗勢力として為義に目を掛け、孫の鳥羽《とば》天皇の身辺警護をする検非違使として起用し、近臣の藤原忠清《ただきよ》の娘を妻合《めあ》わせている。保安《ほうあん》四年（一一二三）には為義夫婦の間に、長男の義朝《よしとも》が誕生した。しかし、為義自身の粗暴な行動や、家人の無法などで白河院の信任を失っていき、平忠盛《ただもり》が受領となって昇殿を許されても、為義は検非違使のままであった。

伊勢平氏と大きく差をつけられた為義に救済の手を差し伸べたのは、摂関家の大殿《おおどの》藤原忠《ただ》実《ざね》であった。忠実は白河院から東大寺の大衆取締の不徹底を理由に関白職を罷免されていた

為義は康治二年（一一四三）六月には忠実の後継者である頼長《よりなが》に名簿《みょうぶ》（主従関係を結ぶため上位者に提出した文書で、一族の名と年月日、官位を記していた）を差し出している。以後の為義は忠実と頼長親子の警護や摂関家の荘園管理に任じ、一族や郎党を摂関家領の荘官《しょうかん》として、

『大日本名将鑑』に描かれた為義（芳年・画）

荘園支配を担当した。

忠実の子忠通《ただみち》は関白職にあったが、男子がなかったため異母弟の頼長を養子にしていた。だが、忠通に実子の基実《もとざね》が生まれると、摂関の地位を自らの子に継がせたいとしたため、忠通と頼長は対立していった。忠実は忠通から摂関家の邸宅東三条殿《ひがしさんじょうどの》や宝物、氏長者《うじのちょうじゃ》の地位を剝奪して頼長に与えて忠通を義絶したため、摂関家内部は激しい憎悪に包まれていった。

源為義には知られるだけで一〇人の男子があり、長男義朝には頼義や義家らが築いた東国武士との主従関係を再編させるために坂東に下向させ、八男為朝《ためとも》は薩摩《さつま》国島津荘《しまづのしょう》に下向させるなど、摂関家の権威を利用して武士団の拡大を目指した。

義朝は安房に赴き、先祖の頼義が前九年の役の功により朝廷から賜った丸御厨《まるのみくりや》を拠点にして、為義が食い込んだ摂関家家産機構や熊野神社の荘園管理をベースにして、中央の人脈も利用しながら、土着した平家諸流などの土豪を掌握していった。

無位無官の義朝は上総介氏の庇護を受けて「上総曹司《かずさのそうし》」と呼ばれた。平忠常の子孫が上総介氏と千葉氏になり、上総と下総を領していた。

現在の千葉県我孫子《あびこ》市全域は相馬《そうま》御厨とされ、千葉常重《つねしげ》が相続して布施《ふせ》郷を伊勢神宮に寄進し、自らは下司職《げししょく》となっていた。ところが保延《ほうえん》二年（一一三六）七月に、下総国守藤原親《ちか》通《みち》は常重が御厨内の税を滞納していると逮捕し、相馬郷・立花郷を親通に進呈するという証文に無理矢理に署名させ、二郷を自らの私領としていた。

康治《こうじ》二年（一一四三）に、義朝は上総介常澄《つねずみ》と共謀してこれに介入し、藤原親通に手を引かせたうえで、相馬郷を伊勢神宮に寄進し、千葉氏に未納の税を納入させ、常重の子常胤《つねたね》を郡司として国衙が認める地位とし、御厨を千葉常重と常澄《つねずみ》に二分して表面上は解決した。

また、鎌倉権五郎景政が開発し、伊勢神宮に寄進していた大庭御厨は、下司職を景政の直系から庶流の大庭氏に移って管理されていた。

義朝は相模国衙の目代と結託し、大庭御厨内の鵠沼《くげぬま》郷は鎌倉郡に属するとして、天養《てんよう》元年（一一四四）に大庭御

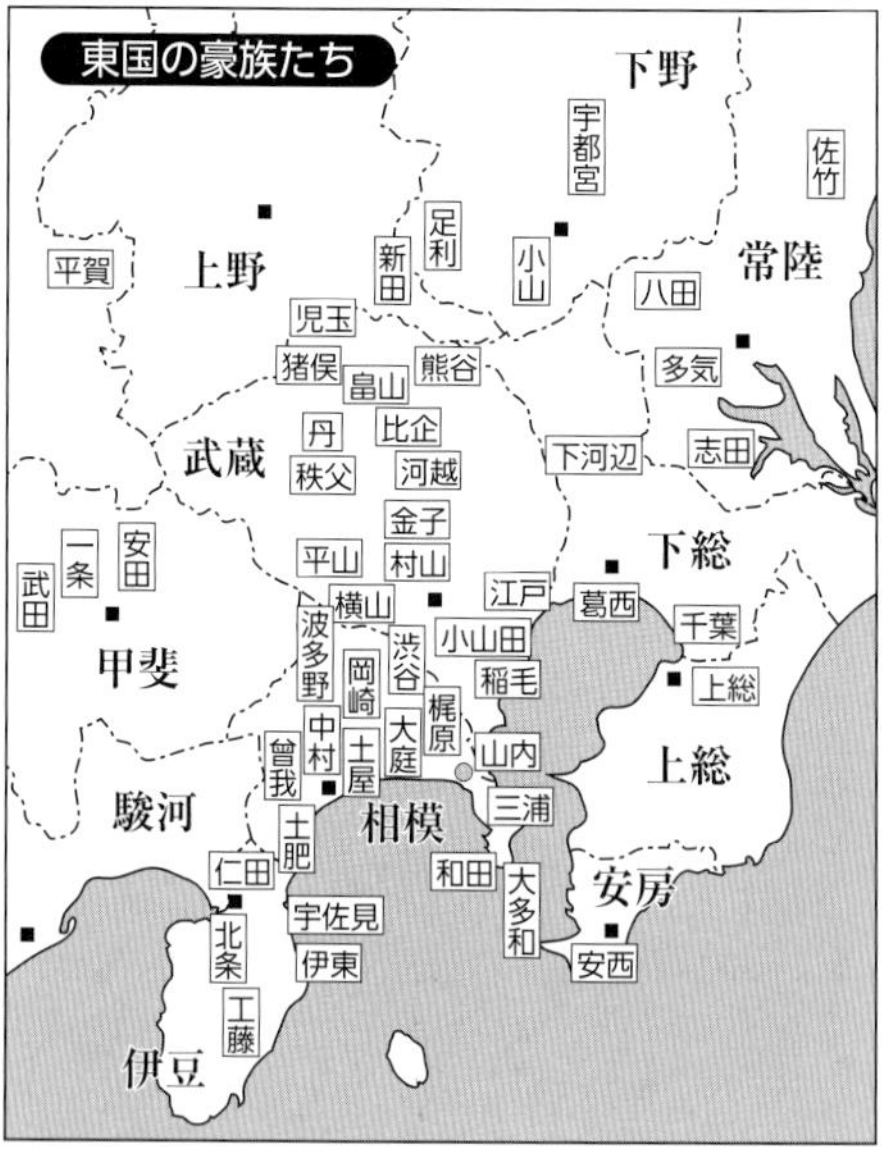

厨に乱入した。これを伊勢神宮が朝廷に訴えたが、その間に義朝は在庁官人である三浦・中村一族などの一〇〇〇騎を再乱入させ、大庭御厨を占領させたのである。この時の相模守は鳥羽院の側近である藤原頼憲《よりのり》だったが、この事件を無視したので鳥羽院の暗黙の了解があったと考えられている。

これによって大庭氏は義朝の家人となった。だが義朝は武力を背景とするが無官のため、東国武士団に受け容《い》れられにくく、中央の政治権力と結ぶために藤原頼憲を介して院に接近したようだが、このことは摂関家との関係が深い父や弟たちと袂《たもと》を分かつことになっていく。

義朝の鎌倉制圧

義朝は相模に進出して三浦氏と強く結びつき、古東海道に面した逗子の沼間に居館を持ったようだ。永治《えいじ》元年（一一四一）には、この地で三浦一族の総帥義明《よしあき》の娘との間に長男義平《よしひら》が誕生したとされ、その跡地が現在の日蓮宗法勝寺《ほっしょうじ》とされている。

やがて義朝は鎌倉周辺に独自の所領を持とうとし、腹心の首藤氏を山内《やまのうち》荘に配置した。そして自身も鎌倉に移って、曾祖父の義家が平直方から譲られた鎌倉亀ヶ谷《かめがやつ》の地に館を構えた。この館は現在の寿福寺《じゅふくじ》である。

相模国一帯に強い基盤を持った義朝は、相模国西方の波多野《はたの》氏とも結び、波多野義通《よしみち》の妹との間に次男朝長《ともなが》が誕生している。さらに久安《きゅうあん》三年（一一四七）には、院と関連のある熱田宮司家《あつたぐうじけ》の藤原季範《すえのり》の娘との間に三男の頼朝《よりとも》と五男の希義《まれよし》をもうけている。

仁平《にんぺい》元年（一一五一）、義朝の父為義が仕える藤原忠実の子の左大臣頼長は、鳥羽院の近臣藤原家成《いえなり》と家来同士の諍《いさか》いから、家成の邸宅を襲って破壊した。これによって院の近臣と摂関家の対立は決定的となり、頼長は「悪左府《あくさふ》」と呼ばれた。

忠実と頼長の失脚は、為義や義朝の弟たちを逼塞《ひっそく》させることになる。翌年には近衛《このえ》天皇生母の美福門院《びふくもんいん》と関係が深い藤原親《ちか》弘《ひろ》が相模守になった。相模で勢力を伸張する義朝は、在庁官人である三浦氏を通じて藤原親弘と提携したようで、中央政府に接近する機会を得たと思われる。

その翌年の仁平三年（一一五三）三月には、無官であった義

義朝の館跡に建つ沼間の法勝寺

義朝は鎌倉から相模を支配した

朝が突然に従五位下に叙せられ下野守に任じられた。五位以上は貴人に通じるため通貴《つうき》と呼ばれ、貴族社会の一員と認められるので、検非違使である父の立場を超えてしまった。河内源氏の受領就任は、出雲で反乱を起こした義親以来であった。

為義の次男義賢《よしかた》は、鳥羽天皇の東宮体仁《なりひと》親王（後の近衛《このえ》天皇）の警護長官である帯刀先生《たてはきのせんじょう》の要職に捕任され、無官の兄義朝を差し置いて河内源氏の嫡流を継承する立場になっていた。だが、保延六年（一一四〇）に殺人者を匿《かくま》ったことで免職になり、摂関家の能登《のと》国の領地を預けられて預所《あずかりどころ》になっていたが、年貢未納によりこれも罷免《ひめん》されていた。

兄義朝が南関東に勢力を伸ばすと、義賢は父の命により義朝に対抗すべく北関東へ下った。上野国多胡《たご》を領して武蔵国の最大勢力である秩父重隆《ちちぶしげたか》の娘を娶《めと》り、重隆の養君《やしないぎみ》として武蔵国比企《ひき》郡大蔵《おおくら》（埼玉県比企郡嵐山《らんざん》町）に館を構え、近隣に勢力を伸ばしていた。

都では近衛天皇は重病に陥ったが皇子がなく、一般の見方では皇位は近衛の兄である崇徳《すとく》上皇の長子重仁《しげひと》親王にもたらされるというものであった。しかし、次期皇位に就くのは美福門院が推《お》す守仁《もりひと》親王でもなく、近衛天皇の異母兄で守仁親王の父である雅仁《まさひと》親王であった。

二九歳の雅仁親王は、早くから皇位と無関係とされて帝王学を学ぶこともなく、天皇となっただめに威厳に欠けていた。子の守仁親王が皇位に就くまでの中継ぎとして、立太子しないまま即位して後白河《ごしらかわ》天皇となるが、このことが保元《ほうげん》の乱の原因となっていく。

京での義朝は熱田宮司家の藤原季範の関係で後白河天皇に奉仕し、後白河天皇が即位した直後の久寿《きゅうじゅ》二年（一一五五）八月には、鎌倉の長男義平《よしひら》に三浦一族を率いさせ、義賢の大蔵館を襲撃させて秩父重隆とともに討たせている。この背景には秩父一族の内紛や、武蔵から南進をはかる義賢に対して、義平が上野の新田義重《にったよししげ》と結んで北関東進出を狙っているという葛藤もあった。叔父を討った義平は「悪源太《あくげんた》」と呼ばれるようになる。この場合の「悪」は悪人ということではなく、「強い」という意味である。

このとき義賢の嫡子仲家《なかいえ》は京にいたと思われ、源頼政《よりまさ》に引き取られて養子となり、大蔵館にいた次男で二歳の駒王丸《こまおうまる》は、三浦氏と結ぶ畠山重能《はたけやましげよし》・斎藤実盛《さいとうさねもり》らの計らいで信濃の木曾《きそ》に逃れ、のちの源義仲《よしなか》（木曾義仲）となるのである。

保元《ほうげん》の乱

久寿二年（一一五五）七月、近衛天皇は一七歳で世を去った。子の重仁親王の即位と自身の院政を期待していた崇徳上皇は、帝王としての教養に欠ける弟の即位を知り、忿怒《ふんぬ》し絶望した。こうした崇徳と、政治的な立場を失った摂関家の忠実と頼長の親子が結びつくのは当然であった。崇徳上皇と後白河天皇の対立と、摂関家の兄で関白の忠通と弟で氏長者の頼長の対立があり、院近臣と摂関家の対立も重なった。

　これらを抑《おさ》えられるのは独裁的な権力を有した鳥羽院であったが、その鳥羽院が保元元年（一一五六）五月に発病し、容体は深刻となった。そこで権威のない後白河や関白忠通を擁《よう》する院側近の信西《しんぜい》（出家前は藤原通憲《みちのり》）らは、鳥羽院の存命中に有力武士を動員して武力を固める作戦を立てた。

　源義朝と義家の子である義国の子で下野の足利《あしかが》氏の祖となる源義康《よしやす》は、ともに妻は熱田宮司家の藤原季範の娘で、義朝と義康は相《あい》婿の関係になるが、この二人に後白河の御所高松殿《たかまつどの》を、北面の武士たちに院の御所鳥羽殿《とばどの》を警護させた。このとき、伊勢平氏の総帥平清盛《きよもり》は、父忠盛の正室藤原宗《そう》子《し》（池禅尼《いけのぜんに》）が崇徳上皇の皇子重仁の乳母だった関係で呼ばれていない。だが清盛次男の基盛《もともり》が後白河の動員に応じたので、平氏一門の動向は決定した。

　朝廷が頼長の謀反として肥前配流《ひぜんはいる》を宣下し、頼長の邸宅の東三条殿《ひがしさんじょうどの》を接収すると、崇徳と頼長は白河殿

保元の乱の結果

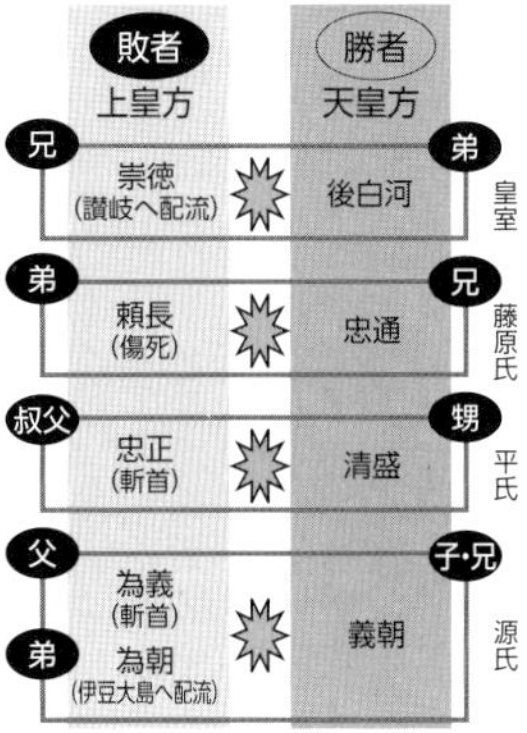

に合流した。崇徳と頼長陣営に集まったのは為義と清盛の叔父忠正《ただまさ》、多田源氏の頼憲《よりのり》など、摂関家の私兵だけであった。

崇徳方は義朝の弟為朝《ためとも》の個人的な奮戦はあったものの、劣勢の戦いは何ともならず敗退し四散した。かつて義朝によって大庭御厨を蹂躙《じゅうりん》された大庭氏の景能《かげよし》と景親《かげちか》の兄弟は、義朝の家人として保元の乱に従軍しており、景能は強弓《つよゆみ》を引く為朝の矢を左膝に受ける重傷を負っている。

崇徳上皇は讃岐《さぬき》に配流され、為義一族と忠正らは斬首されて乱は決着した。この時に義朝は、父や弟を処刑する過酷な役目を、次男朝長《ともなが》の伯父である波多野義通《よしみち》に命じたため、義通はこの処置に悲憤し義朝のもとを去っている。

平治《へいじ》の乱

保元の乱後に主導権を握ったのは信西である。国政の改革に着手して新制を発布し、大内裏《だいだいり》を再建するなどの辣腕《らつわん》を振るい、信西とその一族は目覚ましく台頭した。また信西は清盛の平氏一門を厚遇した。

鳥羽上皇の寵姫《ちょうき》であった美福門院《びふくもんいん》は、予定通り後白河天皇から守仁親王への譲位を求め、保元三年（一一五八）八月に二条《にじょう》天皇が誕生した。後白河は子が二条天皇となったが院政を敷くにも側近がいないため、藤原信頼《のぶより》を抜擢して急速に昇進させていった。

藤原信頼は、義平が義賢を討った当時の武蔵守で、大騒動も信頼が握り潰したことで問題にされなかったと思われ、義朝と連携していたとみられる。信頼は義朝の武力を確保したことで後白河親政派として、政治主導する信西一門との対立姿勢を示していく。

平治元年（一一五九）十二月、平清盛は京の本拠である六波羅《ろくはら》に嫡男の重盛《しげもり》らを残し、熊野詣《くまのもうで》でに赴いたので京に軍事的な空白が生まれた。九日の夜、信頼を中心とする反信西派の兵が後白河院の御所三条殿を包囲し、後白河院とその姉の上西門院《じょうさいもんいん》を二条天皇がいる内裏の一本御書所《いっぽんのごしょどころ》に移した。これには二条親政派の同意があったと考えられる。

信頼の命を受けた義朝らは三条殿に火をかけ、多くの犠牲

義朝に呼ばれた東国武士たち（「平治物語絵巻」ボストン美術館蔵）

者を出したが、信西はすでに逃亡していた。信西は山城国《やましろ》田原《たはら》に逃れたが、追っ手が迫ったことを知り郎党に命じて土中に埋めさせていた。だが逃れきれずに十四日には自害した。

政権を掌握した信頼は、臨時除目《じもく》を行なって、義朝は播磨守《はりま》に、京にいた三男の頼朝は右兵衛権佐《うひょうえのごんのすけ》となった。このクーデターは隠密裏《おんみつり》に行なわれたため、義朝の麾下《きか》の東国武士は少なく、急を聞いた長男の義平が三浦義澄らを率いて駆けつけているが、全体では二〇〇騎ほどであった。

十七日に清盛が帰京し、伊勢・伊賀《いが》の平氏郎党が合流するが、清盛は信頼に恭順する意を示して自身の郎党に信頼を警護させた。だが義朝は、清盛が送ってきた郎党が、選《よ》りすぐられた屈強の者であったので警戒心を持っていた。

信頼の専横に二条親政派は怒って清盛と結びつき、二条親政派が二条天皇の脱出計画を後白河上皇に密かに知らせると、二十五日の夜には後白河上皇は仁和寺《にんなじ》に脱出した。さらに二十六日未明には二条天皇は女装して内裏《だいり》を密《ひそ》かに脱出し、六波羅の清盛邸に移ってしまった。二条親政派がこれを触れ出すと、残された公卿や諸大夫が続々と六波羅に向かい、清盛は一挙に官軍となり信頼と義朝の追討宣旨が下されたのである。

掌中《しょうちゅう》の珠《たま》を失った信頼らは動揺し、義朝は信頼を「日本第一の不覚人《ふかくにん》」と罵倒《ばとう》するが後の祭りであった。清盛の嫡男重盛や清盛の弟頼盛《よりもり》が、義朝らの籠《こ》もる内裏に押し寄せたが、彼らは内裏を戦場にするのを避ける使命を持っていたので、予定通りに退却し義朝勢を六波羅周辺へと導いた。

義朝は子や郎党を指揮して六波羅に迫るが、摂津源氏の源頼政《よりまさ》が清盛方に走り、義朝は六《ろく》条《じょう》河原《かわら》で敗退し、東国に向け戦場を離脱した。

義朝の子たちの処分

戦いに敗れた義朝は自害を思いとどまって、長男義平、次男朝長、三男頼朝の三人の子や鎌田政清《かまたまさきよ》ら郎党とともに再起を期して東国を目指した。

美濃の不破関《ふわのせき》の東にある青墓宿《あおばかのしゅく》に辿《たど》りつくが、雪の降る逃避行に頼朝は途中ではぐれており、義朝から北陸に向かうよう命じられた朝長は、重傷を負っていたために引き返し、義朝の介錯《かいしゃく》で死亡した。義平は信濃や甲斐での再起を目指して旅立っていった。

義朝は、東国武士の三浦義澄、山内俊通《やまのうちとしみち》・俊綱《としつな》、斎藤実盛《さいとうさねもり》、熊谷直実《くまがいなおざね》、平山季重《ひらやますえしげ》、足立遠元《あだちとおもと》、岡部忠澄《おかべただずみ》、猪俣範綱《いのまたのりつな》、上総介広常らと別れ、鎌田政清の岳父である尾張《おわり》国内海《うつみ》荘司の長《おさ》田忠致《だただむね》を頼った。だが長田に鎌田政清とともに殺害されてしまう。義平は義朝の死を聞いて京に舞い戻り、清盛を狙って潜伏したが、捕らえられて処刑された。

頼朝は平頼盛の家人平宗清《むねきよ》に捕らえられたが、清盛の義母 池禅尼《いけのぜんに》の助命嘆願によって一命を救われ伊豆に配流された。当時は当主の未亡人は一族に大きな発言権があったが、頼朝助命の裏には、頼朝の母の実家の熱田大宮司家の関連で、後白河の姉上西門院を通じて池禅尼への働きがあったとされる。

頼朝が助命されると弟たちも助命され、頼朝の同母弟で五男の希義《まれよし》は土佐《とさ》に配流された。六男の範頼《のりより》は母が池田宿の遊女とされ、遠江《とおとうみ》国蒲御厨《かばのみくりや》で生まれ育ったようで蒲冠者《かばのかじゃ》と呼ばれるが、消息が隠され、東国の受領を歴任する藤原範季《のりすえ》のもとで養育されていったようだ。義朝と側室常盤《ときわ》の間に生まれた七男今若《いまわか》（後の阿野全成《あのぜんじょう》）は醍醐寺《だいごじ》で出家し、八男乙若《おとわか》（後の義円《ぎえん》）は三井寺《みいでら》で出家し、九男牛若《うしわか》（後の義経《よしつね》）は鞍馬寺《くらまでら》に預けられた。

流刑は京からの距離と流刑地の条件で決定し、越前や安芸《あき》は近流《きんる》とされ、諏訪《すわ》、伊予は中流《ちゅうる》で、伊豆、佐渡《さど》、隠岐《おき》、土佐は遠流《おんる》とされた。

伊豆も土佐も都から遠く、重罪人が配流される地で、平氏の目が届く範囲として選ばれたが、後の歴史を知る者には、源氏恩顧の者が近くにいる伊豆に頼朝を流したことは、清盛の大失策ではなかったかと思われるのだ。

三章　源氏三代の鎌倉

源氏山の源頼朝像

流人頼朝の生活

永暦《えいりゃく》元年（一一六〇）三月、頼朝は配流先の伊豆国田方《たがた》郡の狩野川《かのがわ》の中州と思われる蛭ヶ小島《ひるがこじま》に送られた。父義朝の家人で因幡《いなば》国の住人高庭資経《たかばのすけつね》が藤七資家《とうしちすけいえ》を、母方の叔父である僧祐範《ゆうはん》が名も伝わらない者を付けてくれたが、二人は頼朝を配所に送ると帰っていった。

頼朝は平治の乱と同時に右兵衛権佐《うひょうえのごんのすけ》に任官したが、この官位も官職も二週間ほどで剝奪《はくだつ》された。だが、〝前《さきの》右兵衛権佐〟というのは東国では飛び抜けた貴種であった。

頼朝には分かっているだけで四人の乳母《うば》がいた。比企掃部允《ひきかもんのじょう》の妻の比企尼《あま》、相模の武士山内首藤《やまのうちすどう》俊通《としみち》の妻山内尼、三善康信《みよしやすのぶ》の叔母、常陸の武士八《はっ》田《た》宗綱《むねつな》の娘である寒川尼《さむかわのあま》であるが、寒川尼は頼朝より九歳年上にすぎないため、年上の姉という立場だったと思われる。

乳母は母親に代わって乳を与える役目だが、主人から預けられた子を一家をあげて養育し奉仕す

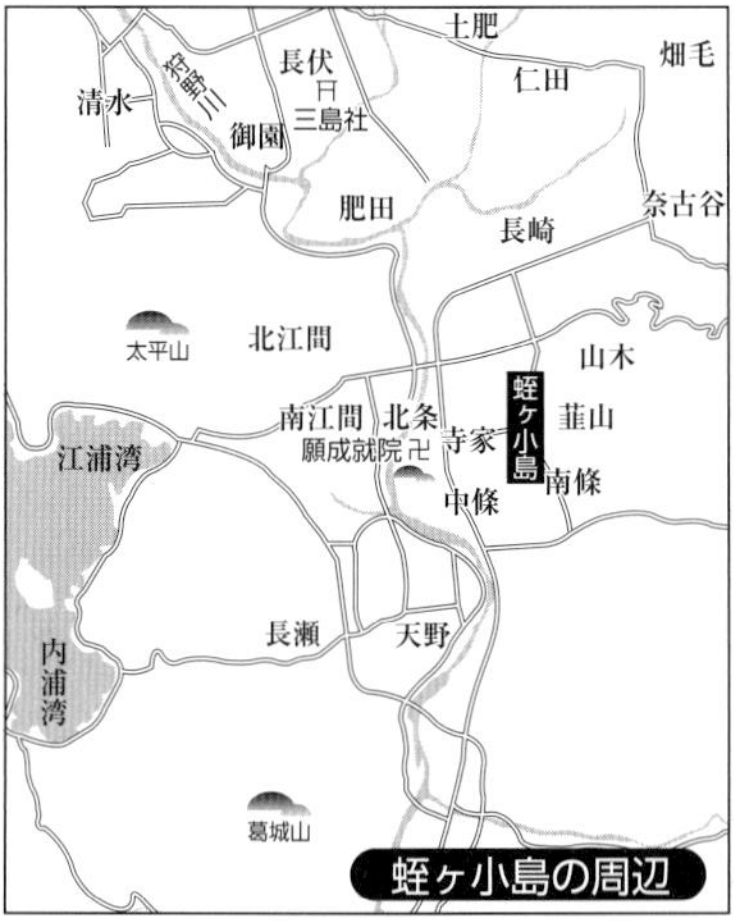

蛭ヶ小島の周辺

る者で、傅役《もりやく》と養父母も兼ねている。主人の子が成人すると乳母夫妻は身近な相談役となり、乳母の子たちは乳兄弟《ちきょうだい》として主人のもっとも頼みとする存在となるのである。

流刑は強制移住刑というもので、当時満一三歳の少年である頼朝には仕送りをしてくれる者がいないと生きていけない。将来を断たれた頼朝に比企尼、三善康信、僧祐範の三人から無償の支援があったようだが、平氏全盛の時代であり、彼らの援助は頼朝の将来を見込んだ先物買いという甘いものではないだろう。

だが、頼朝には支援させる魅力があったようで、とくに比企尼が頼朝を可愛くって仕方なかったと思われる。頼朝が伊豆に配流されると、夫を督励《とくれい》して京から所領の比企へ移り、納税を請《う》け負《お》う請所《うけしょ》となって支援を続けている。比企尼は娘の夫である安達藤九郎盛長《あだちとうくろうもりなが》（奥州合戦の後に陸奥国安達荘を領して安達盛長となるため、この当時は小野田《おのだ》盛長を名乗っていた）を頼朝のもとに奉公させている。さらに小中太《こちゅうた》と呼ばれた中原光家《なかはらみついえ》、盛長の推薦があった藤判官代《とうのほうがんだい》と呼ばれた藤原邦通《くにみち》らが、流人である頼朝の世話をしたようだ。

近江国蒲生《がもう》郡佐々木《ささき》荘の佐々木秀義《ひでよし》は、義朝の妹を妻とし、叔母が奥州の藤原秀衡《ひでひら》の妻であった。義朝は妹婿の秀義を通じて陸奥から矢羽根《やばね》や駿馬《しゅんめ》を手に入れていたとされ、保元の乱と平治の乱には秀義は義朝に従って戦っていた。だが平治の乱の敗戦によって佐々木荘を追われ、頼朝の従兄弟である子の定綱《さだつな》、経高《つねたか》、盛綱《もりつな》、高綱《たかつな》をともなって、叔母を頼って奥州に向かい相模まで辿りついたときに旧知の渋谷《しぶや》重国《しげくに》とめぐりあった。

渋谷重国は平治の乱で悪源太義平に率いられて京に向かった武士の一人で、相模国高座《こうざ》郡渋谷荘を本貫《ほんがん》の地とし、現在の東京都渋谷区あたりも領地としている。重国は秀義と四人の子を援助した上に秀義を婿に迎え、秀義と重国の娘の間には五男義清《よしきよ》も生まれている。

秀義の四人の子は、重国の許《もと》で居候《いそうろう》をしながら頼朝のもとに通っているので、頼朝は七人の郎党に囲まれていたことになる。勇士で知られる熊谷直実《くまがいなおざね》が父子と郎党一人の三人で戦場に向かっていることを思えば、流人らしからぬ恵まれた生活をしていたようだ。

頼朝の恋愛

頼朝は父義朝はじめ一族の菩提《ぼだい》を弔《とむら》うために、読経《どきょう》をするのが日課であったが、時には狩りにも行っていたようである。流人の頼朝を監視するのは伊東祐親《いとうすけちか》で、祐親は頼朝に小さな館を提供して、七年間も住まわせていたともされている。

頼朝が成人すると周囲の者は頼朝の結婚相手を探すことになる。比企尼の娘の一人は祐親の子祐清《すけきよ》の妻で、伊東祐清と安達盛長は相婿である。そうした関係から祐親の娘八重《やえ》に働きかけたようで、頼朝はしげしげと八重の許に通い、二人の間に千鶴《せんづる》という男の子が生まれている。

ところが祐親が京を警護をする三年間の大番役《おおばんやく》から帰ると、頼朝と娘の間に男の子までいることを知って激怒した。京では反平氏の事件も起こり始めている時期であり、祐親は平氏への聞こえを怖れて家臣に千鶴を殺害させたとも甲斐の豪族に預けたともされる。祐親は頼朝の殺害も謀《はか》ったために、祐清からの知らせを受けた頼朝は伊豆山《いずさん》神社（静岡県熱海市）に逃げ込んで難を逃れている。

頼朝が次に声を掛けた女性は、北条時政《ほうじょうときまさ》の娘政子《まさこ》である。時政の本拠北条は蛭ヶ小島に近く、時政が大番役で京に行っている時期に、頼朝は側近に恋文を持たせたようだ。政子は当時では婚期が遅れた二〇歳くらいで、頼朝は貴種とされても三〇歳のオジサンで、政子の父の時政は三九歳である。

京から帰った時政も伊東祐親と同様に激怒したのだが、

頼朝はたびたび伊豆山神社を頼っている

意思の強固な政子は頼朝の許に走ったのである。後に政子は頼朝に「暗夜に迷い、深雨を凌《しの》ぎ、君の所にいたる」と言っており、時政が折れて、仕方なく頼朝を婿と認めたようだ。治承《じしょう》二年（一一七八）の頼朝が三二歳の頃に長女の大姫《おおひめ》が誕生している。

政子は時政の先妻の子で、同腹の兄弟姉妹には宗時《むねとき》、阿波局《あわのつぼね》（頼朝の異母弟僧全成《ぜんじょう》の妻）、義時《よしとき》、時房《ときふさ》（時連《ときつら》）、足利義兼《よしかね》の妻、稲毛重成《いなげしげなり》の妻、畠山重忠《はたけやましげただ》の妻などになる。

反平氏の動き

仁安《にんあん》二年（一一六七）二月、平清盛が武家としてはじめて従一位太政大臣《だいじょうだいじん》に任じられた。翌年三月には、後白河上皇の皇子憲仁《のりひと》親王が即位し高倉《たかくら》天皇となる。母は清盛の妻時子《ときこ》の妹滋子《しげこ》である。

嘉応《かおう》二年（一一七〇）七月、清盛の嫡孫資盛《すけもり》の乗る牛車と摂政藤原基房《もとふさ》の牛車が路上で行き会った。身分の上からも資盛が乗り物を降りて道を譲るのが礼儀だが、資盛は譲ろうとしなかったため、基房は資盛の無礼をとがめ、基房の舎人《とねり》らが資盛の牛車を壊してしまった。資盛の父重盛は温厚とされた人物だが、参内《さんだい》する基房の牛車を武士たちに襲わせ、前懸《さきがけ》四人の髻《まげ》を切らせて報復している。

承安《じょうあん》元年（一一七一）十二月になると、清盛の娘徳子《とくこ》（一七歳）が高倉天皇（一一歳）のもとへ入内《じゅだい》する。

安元《あんげん》三年（一一七七）六月、平氏に不満がある後白河近臣の藤原成親《なりちか》らが、平治の乱で自害した信西の子静賢法印《じょうけんほういん》の東山鹿ケ谷《ししがやつ》の山荘に集まった。ここで平氏打倒の陰謀をしたとするが、実際は不満を爆発させる酒宴の馬鹿騒ぎだったようで、この宴席に後白河法皇も参加していたとされる。

反平氏の武力実行の中心勢力として摂津源氏の多田行綱《ただゆきつな》が呼ばれていたが、謀議ともいえない杜撰《ずさん》さに怖れをなして清盛に密告した。たちまち一味は捕縛され処断されたが、清盛は後白河の責任を問わなかった。

治承《じしょう》二年（一一七八）十一月、中宮《ちゅうぐう》徳子が高倉天皇の第一皇子を出産した。清盛は孫の皇子を、皇太子にするよう後白河に迫り、立太子されて言仁《ときひと》親王となった。

皇太子の周辺を平氏一門や親平氏公卿で

清盛の権勢は沈む夕日を呼び戻したと喩えられた

固め、院近臣は排除されたため後白河は平氏に対して不満を持ち警戒を強めた。

清盛の嫡男重盛は病により内大臣を辞任していたが、治承三年（一一七九）七月に死亡したので、次男の宗盛《むねもり》が伊勢平氏の嫡流になった。院は重盛の知行《ちぎょう》国を没収し、反平氏勢力の急先鋒である関白基房の子で八歳の師家《もろいえ》が権中納言になった。この人事は清盛が娘の完子《さだこ》を嫁がせ支援していた基通《もとみち》を差し置いてのもので、清盛の面目を潰《つぶ》すものだった。

十一月になると清盛は、福原《ふくはら》（神戸市）から数千騎を率いて入京し、強硬に政界人事に介入して、太政大臣師長《もろなが》以下三九人を解官し、後白河法皇を鳥羽殿に幽閉した。「治承三年の政変」である。諸国の受領も大幅に交替させて、平氏の知行国は一七国から三二国になり「平氏にあらずんば人にあらず」と豪語するにいたった。国司が代わった上総や相模では、上総介広常や三浦義明という在庁官人は、平氏の目代から圧迫を受けるようになっていた。

治承四年（一一八〇）二月、皇太子言仁親王が践祚《せんそ》し安徳《あんとく》天皇となった。

前年の清盛の政界強硬介入によって、後白河の第三皇子の以仁王《もちひとおう》は知行地を没収されていた。摂津源氏の源頼政《よりまさ》が以仁王に勧めて、全国の源氏に武装蜂起を促《うなが》す平氏追討の令旨《りょうじ》を発した。だが計画は平氏に漏れたため、以仁王は五月には寺院勢力を頼んで三井寺に逃れたが、三井寺と仲の悪い延暦寺《えんりゃくじ》の協力を得られず、南都《なんと》（奈良）の興福寺《こうふくじ》を頼って奈良に向かった。

頼政は興福寺の僧兵たちと、宇治《うじ》で平氏の軍勢を防いだが、子の仲綱《なかつな》と兼綱《かねつな》の死を知り自刃した。以仁王も討手《うって》に追いつかれ殺害されたため事件は終了した。

だが以仁王が発した令旨は、以仁王が存在しなくなってから効力を発揮し、平氏の時代の中で雌伏《しふく》していた諸国の源氏たちは、源氏再興の大義名分として令旨を利用したのである。

頼朝の挙兵

治承四年（一一八〇）は、東国武士たちにとって画期的な年となった。その四月二十七日、王位を奪っている者を追討せよと呼びかける以仁王の檄文《げきぶん》が、北条館にいる頼朝のもとに届いた。令旨を届けたのは、頼朝の叔父である新宮《しんぐうの》十郎行家《じゅうろうゆきいえ》である。

伊豆の国守は源頼政の嫡子仲綱であったが、宇治で敗死したため清盛の義弟平時忠《ときただ》が新国守となっていた。伊豆国山木《やまき》郷には検非違使も務めた平兼隆《かねたか》が、父信兼《のぶかね》との不和で蟄居《ちっきょ》させられていたが、時忠は兼隆を伊豆国守の目代《もくだい》に任じていた。

六月十九日に、これまで頼朝に月に三度の使者を派遣して都の情勢を伝えていた三善康信が、弟康清を使者として京の動きを知らせてきた。それは、平氏が以仁王の令旨の配布先を調べており、頼朝の身辺に危険が迫ったので奥州に逃げるようにというものであった。

頼朝はすでに挙兵の意思を固めているが、主力となる北条一族は兵力が少なく、かつての父の家人たちに協力を求めるため、安達盛長と中原光家を使者として各地に向かわせた。頼朝は旗挙げの標的を平兼隆に決めると、藤原邦通に目代屋敷を訪問させ、屋敷の絵図を作らせている。

六月二十七日、三浦義澄《みうらよしずみ》と千葉胤頼《ちばたねより》が大番役からの帰路に、平氏監視下の危険を冒《おか》して頼朝のもとに立ち寄った。彼らは以仁王の挙兵には平氏軍として参加しており、それらの体験から平氏の世が長くないことを感じ、頼朝に決起を促したとされる。

七月になって安達盛長と中原光家が戻るが、頼朝の乳母であった山内尼の子山内首藤経俊や、朝長の母の実家である波多野義常などは嘲笑《あざわら》って、頼朝への合力を拒否していた。

平氏から信頼されて東国後見役に任じられていた大庭景親は、かつては義朝の家人として兄の景能とともに、保元の乱

錦絵「山木屋形夜討図」に描かれた平兼隆邸の襲撃（国芳・画）

に参陣していたが、景能が為朝の矢を左膝に受けて身体が不自由になったため、家督を譲られていたようだ。平治の乱後には義朝に近い三浦氏や中村氏は劣勢になったが、景親は大庭御厨の一件もあって、平氏への接近に成功していたのである。

その景親が京から帰り、八月九日に旧知の佐々木秀義を自邸に招いて京の情勢を語ったのである。それは「駿河《するが》の長田《おさだ》入道からの報告では北条時政や比企掃部允《かもんのじょう》が、頼朝を担《かつ》いで謀反を企てているというが、何か知らないか」と平氏の侍大将藤原忠清《ただきよ》から尋ねられたとし、さらに景親は、佐々木の息子たちが頼朝に接近しているのを心配しているとしていた。

驚いた秀義は、定綱を頼朝のもとに向かわせてこれを伝え、身辺に危機が迫ったことを知った頼朝は、挙兵決行日を八月十七日早朝とした。

だが、当日は雨による川の増水で、頼みの佐々木兄弟の到着が遅れた。頼朝は佐々木兄弟の到着を待って、十七日深夜に決行した。この日は三島《みしま》大社の祭礼で平兼隆の目代屋敷では多くの者が出払っており、頼朝は九〇人ほどで目代屋敷と兼隆の後見堤信遠《つつみのぶとお》邸を襲撃させた。攻撃勢は翌朝には平兼隆の首を持って北条館に帰り、緒戦は勝利することができた。

三浦氏は総帥義明の弟義実《よしざね》が、相模中央部を領する中村氏の娘の婿になって岡崎《おかざき》（平塚市）に住み岡崎義実と名乗っていた。義実の妻の兄弟が土屋宗遠《つちやむねとお》や土肥実平《どひさねひら》で、実平は湯河原《ゆがわら》から真鶴《まなづる》半島を領しており、地理的に頼朝や北条氏と交流があったようだ。こうした相模西部や伊豆の中小領主たちが頼朝のもとに駆けつけ、三〇〇人ほどの軍勢になっていた。

八月二十日、頼朝勢は以仁王の令旨を旗に掲げ、三浦半島から西に進んでくる三浦一族と合流するため相模に向かった。

八月二十三日、雨による丸子《まるこ》川（酒匂《さかわ》川）の増水で、頼朝勢と三浦勢の合流は困難となり、頼朝勢は石橋山《いしばしやま》に陣したところ、大庭景親《おおばかげちか》が率いる三〇〇〇騎の軍勢が頼朝の行く手を塞ぎ谷を挟んで対峙《たいじ》した。頼朝勢の背面には伊東祐親の軍勢三〇〇騎が迫り、雨の降る午後四時頃に戦闘は開始された。

頼朝から命じられた岡崎義実の子佐奈田与一《さなだよいち》義忠《よしただ》が先陣を受けて奮戦するが、景親の従兄弟長尾定景《ながおさだかげ》に討ち取られると、頼朝勢はたちまち壊滅状態になって敗走した。

長尾定景は後に頼朝に降伏し、身柄は岡崎義実に預けられたが、義実は定景が法華経を唱え

錦絵に描かれた佐奈田義忠（国芳・画）

るのを見て殺害するのをやめ、頼朝に助命を懇願して認められている。

頼朝は夜明け近くに石橋山背後の椙山《すぎやま》に潜り込んだ。土肥実平はこの辺りの領主で地理に明るいが、大人数では発見されやすいため、頼朝に従ってきた者に各々で逃げるように指示した。この時に北条時政と義時は、頼朝と別れて土肥《どひ》あたりに潜伏し、別道を逃れて三浦勢と連絡を取ろうとした嫡男の宗時は、伊東勢に見つかって討死している。

頼朝主従八人は〝しとどの窟《いわや》〟などの洞窟に潜んだが、敗兵を捜索する景親らが迫った。だが、大庭景親の従兄弟梶原景時《かじわらかげとき》の機転で窮地を救われていたのである。

その後も頼朝主従は五日ばかりを山中を彷徨《さまよ》ったが、箱根権現《ごんげん》の別当行実《ぎょうじつ》は弟の永実《えいじつ》に食糧を持たせて頼朝の行方を捜させたので、頼朝主従は箱根山に逃げ込んだ。

当初から挙兵に失敗した場合は、三浦一族の勢力圏である安房に渡って再起を図ろうとし

頼朝主従が潜んだとされる「しとどの窟」

たようで、二十八日には真鶴岬から海路安房を目指した。

一方、川の増水で進軍を阻まれた三浦勢は、石橋山での頼朝の敗走を知り三浦に向けて引き上げた。だが、翌日に由《ゆ》比《い》ヶ浜《がはま》にさしかかると、武蔵から南下してきた畠山重忠率いる軍勢と遭遇した。重忠の母は三浦義明の娘であり、三浦一族の近親であったので何らかの話し合いがついたが、杉本城を守る義明の孫で和《わ》田義盛《だよしもり》の弟義茂《よしもち》は、味方が畠山勢に追われていると錯覚し、駆けつけて畠山勢に襲いかかったのである。気を抜いていた畠山勢は多くの犠牲者を出して退却した。

三浦一族は本城の衣笠《きぬがさ》城に籠城《ろうじょう》した。畠山重忠は秩父党の河越重頼《かわごえしげより》、江戸重長《えどしげなが》らを糾合して攻撃し、八月二十六日の合戦で三浦一族は壊滅的な打撃を受けた。

三浦一族は予定通り安房に向けて撤退するが、八九歳の総帥の三浦義明は嫡子義澄に「老いの命を武衛《ぶえい》（兵衛府の唐名。右兵衛権佐だった頼朝のこと）のために一命を投げうって子

●杉本城の和田義茂

畠山勢は大磯あたりから三浦勢を追尾したとする資料もあるが、大磯から由比ヶ浜まではかなりの距離があり、有り得ないだろう。

また、和田義茂が杉本城から駆けつけたとあるのも杉本城から由比ヶ浜は見えず、駆けつけるにも時間はかかると思われる。合戦があったに違いないが、和田義茂は途中まで出張っていたとせねば辻褄《つじつま》が合わない。

杉本寺（杉本城）から市街方面を遠望するが、とても由比ヶ浜までは見えない

孫の手柄にしたい」と立ち退《の》きを拒否して執拗《しつよう》に戦った。義明は自分の命と引き替えに、頼朝から褒賞を貰えと言っており、当時の武士として当然の権利を主張しているのである。

頼朝は二十九日に安房国猟島《りょうのしま》で三浦一族らと合流した。地元の豪族安西景益《あんざいかげます》は幼少時の頼朝に親しく仕えていた者である。義朝も拠点にした丸御厨《まるのみくりや》から上総介広常や千葉常胤をはじめ、小山《おやま》氏、下河辺《しもこうべ》氏、葛西《かさい》氏にも召集の使者を送った。

使者を受けた千葉常胤は泣いて喜び、全兵力を率いて参上すると即答し、要害の地であり先祖代々から由緒のある相模国鎌倉を本拠にすべきと使者に進言していた。

頼朝は、東国武士団間の対立と混乱は、朝廷周辺の貴族たちが持ち込んでいると見抜いており、また、国主の代理人である目代たちが、東国武士たちの苦しみを増加させているとしていた。頼朝は自らが伊豆の目代を討って平氏の支配を打ち砕いて見せ、房総の武士たちに「京下《きょうくだり》の輩《ともがら》」の逮捕を命じた。

それに応えて千葉氏は、下総の目代を討った。だが、平忠盛の婿という関係から平氏の権威を背景にして、これまでも千葉氏と対立していた藤原親政《ちかまさ》は、配下の武士団を率いて千葉荘に攻め入った。九月十四日の戦いで千葉常胤の孫成胤《しげたね》が親政を生け捕って頼朝軍に参加した。頼朝は国衙機構を掌握することになったため謀反人となった。

このとき上総介広常は、一族の千葉常胤と「相談の上」と即答せず様子をうかがい、場合によっては頼朝の首を平氏に差し出すことも考えていた。頼朝は三〇〇人の軍勢で上総を通過して武蔵を目指すが、突出した勢力を持つ上総介広常は、軍勢召集に時間がかかるとして素直に参陣しなかった。だが広常は上総国内の平氏勢力を掃討し、九月十九日になって大軍を率いて頼朝軍に合流した。

頼朝が広常に「何をぐずぐずしていた」と高飛車に出たことで、広常は頼朝に臣従したのである。これは広常の性格を熟知する千葉常胤の入れ知恵のようだ。大勢力の上総介広常が参陣したことで、各方面から続々と軍勢が集まり、醍醐《だいごじ》寺で僧になっていた弟の全成《ぜんじょう》までやってきた。

さらに、頼朝の乳母で下野の小山政光《おやままさみつ》の妻となっていた寒川尼が来陣した。当主の政光が平氏により京に留められていたため、寒川尼は政光の末子を人質として連れていた。頼朝とこの少年は乳兄弟であり、頼朝は少年の烏帽子親《えぼしおや》になって元服させ、小山七郎宗朝《むねとも》（後

●烏帽子親

元服する若者に烏帽子を被せ、諱《いみな》を付ける役目の者を烏帽子親という。一族の有力者や主筋の者が任にあたり、自身の名の一字を与えて諱を付けるのである。

頼朝の烏帽子親は平治の乱で義朝が仕えた藤原信頼とされ、兄の義平は三浦氏の下で元服したと思われるが、源氏に珍しい「平」が入っている。

周辺の有力者では、三浦氏と交流のある西相模の中村氏は、中村重平、土肥実平、二宮友平と代々「平」を使っており、あるいは総帥の中村宗平が義平の烏帽子親だったかもしれない。

に朝光《ともみつ》と改名し結城朝光となる）と名乗らせる気遣いをし、小山氏を自陣営に引き入れる。

頼朝が大軍勢を率いて武蔵に入ると、畠山重忠ら秩父党《ちちぶとう》が参陣した。頼朝は、秩父党に本拠の衣笠城を陥とされた三浦氏と手打ちさせ、治承四年（一一八〇）十月六日、挙兵以来四九日にして鎌倉の地を踏んだ。

この間の平氏の動きとしては、平清盛は五月二十六日の以仁王の挙兵失敗直後の六月二日に、延暦寺や三井寺、南都興福寺の寺社勢力との衝突を避けるために、後白河法皇、高倉上皇、安徳天皇を擁して都を福原に移した。

福原は以前から清盛が別荘を置いており、港の大輪田泊《おおわだのとまり》を整備して瀬戸内海から九州、中国大陸への交易の玄関口としていた。清盛は仁安《にんあん》三年（一一六八）に病を得て出家し、福原で過ごしながら京都政界を動かしていたのである。

にわか作りの宮都の福原では都市の機能を果たさず、延暦十三年（七九四）に平安京に遷都して以来築いてきた、朝廷の仕組みなど多くのものを福原に遷《うつ》すには準備不足であった。天皇や上皇は平氏一族の屋敷に分宿したが、随行した貴族には宿舎も用意されていなかった。高倉上皇が不自由な福原で病気になったため、清盛はやむなく十一月二十六日に都を京に戻した。平氏政権は武士の出自の者が政権を握ろうとし、京以外の地に拠点を求めたが、伝統的な貴族社会から抜け出せなかったのである。

清盛は十二月二十八日には、以仁王の挙兵に協力した東大寺や興福寺を、平重衡《しげひら》と通盛《みちもり》に攻めさせた。平氏の軍勢は南都の荒くれ大衆《だいしゅ》を蹴散らして、奈良時代の遺産を灰燼にした。

翌年一月には高倉上皇が死亡し、閏《うるう》二月に平清盛は高熱のために死亡した。清盛は武家最初の太政大臣になり、安徳天皇の外祖父として栄華を極めたが、源氏の挙兵による怒りと焦燥の中で「頼朝の首を我が墓前に供えよ」と遺言したとされる。頼朝は密かに院に働きかけて、平氏との和睦を探ったが、代わって平氏の総帥となった宗盛は拒否していた。

富士川の戦い

頼朝の挙兵は、治承四年（一一八〇）九月一日には大庭景親によって福原に報告されていた。清盛は五日には追討軍派遣を決定したが、平重盛の子維盛《これもり》を総大将にして忠度《ただのり》、知度《とものり》による追討軍の編制は進まず、二十二日に福原を出立し、二十九日になって京を発している。

十月六日に鎌倉に入った頼朝は、十月十一日には伊豆山神社に身を寄せる妻子を鎌倉に呼び寄せたが、落ち着く間もなく十六日には出陣した。平氏が大軍を東下させてきたのである。

平氏が頼朝征討軍の編制に手間取っている間に、頼朝は関東で勢力を回復し、頼朝と従兄弟の信濃の源義仲《よしなか》も挙兵し、平氏政権の下で勢力を温存していた甲斐《かい》源氏の武田信義《たけだのぶよし》、安田《やすだ》義定《よしさだ》、一条忠頼《いちじょうただより》らは、以仁王の令旨を受けて八月には蜂起していた。

安田義定は、石橋山で戦う頼朝救援に向かったが、八月二十五日に大庭景親の弟の俣野景久《またのかげひさ》と駿河国目代　橘　遠茂《たちばなのとおしげ》の軍と波志田山《はしたやま》で戦った。安田義定は石橋山の敗戦を知って引き上げるが、甲斐、信濃周辺の平氏方を掃討し、甲斐源氏は甲斐と信濃を完全掌握した。

武田信義は、九月に頼朝の命を受けた北条時政や土屋宗遠と会い、十八日に駿河に出陣した頼朝軍と合流した。ここで頼朝は矢合わせ（開戦）を二十四日と決定した。

その間に大庭景親は一〇〇〇騎を率いて維盛に合流しようとするが、甲斐源氏に行く手を阻まれたため軍を解散して逃亡した。

伊東祐親と祐清親子も、南伊豆の鯉名《こいな》から船を出して維盛との合流を図ったが捕らえられた。三浦義澄の妻が祐親の娘という関係で、義澄が頼朝に祐親の助命を嘆願したため、頼朝は義澄に祐親の身柄を預けた。後に政子が頼家《よりいえ》を懐妊したときに、義澄はこれを好機として頼朝に祐親の恩赦を願い出た。頼朝は千鶴殺害の恩《おん》讐《しゅう》を超えて祐親を許すが、祐親はそれを恥として自刃している。また祐清は、流人《るにん》時代の頼朝と親しくしていたので、頼朝が恩賞を与えようとしたが、祐清はこのままお暇を賜りたいと譲らず、誅殺《ちゅうさつ》されたとも、西国の平氏に合流したともされる。

十月二十一日、頼朝が陣する黄瀬川《きせがわ》駅に、異母弟の義経が二〇騎ほどの郎党を率いて奥州から駆けつけた。頼朝は、後三年の役で兄の義家が苦戦すると聞き駆けつけた義光の故事を引い

義仲の「倶利伽羅谷勇戦図」(国芳・画)

て、義経の手を取り、涙を流したという。

二十日に甲斐源氏二万騎が富士川東岸に進んだ。西岸の平氏軍は京からの進軍途中で兵を掻き集め、一時は七万の軍勢としていたが、折からの飢饉で兵糧に苦しみ、駆り集めの兵は逃走してしまい、戦える状態ではなかった。武田信義の軍が富士川の浅瀬に馬を乗り入れると、平氏方は大混乱に陥って総崩れになって潰走《かいそう》したのである。

頼朝は逃げる維盛を追撃し、京に攻め上ろうと命じたが、三浦義澄、千葉常胤、上総介広常らは、東国を固めるように主張し反対した。

頼朝の母の実家熱田大宮司家は、後白河の母待賢門院《たいけんもんいん》（藤原璋子《しょうし》）に仕え、その家の者は後白河の近親や皇后統子《むねこ》の女房に取り立てられた。その関係で頼朝も一二歳の時に皇后宮権少進に任じられ、平治元年（一一五九）二月に統子が上西門院《じょうさいもんいん》となると、上西門院蔵人《くろうど》（秘書的な役割を果たす官職）となった。また、義朝が頼朝の昇進を願って安房国の丸御厨を伊勢神宮に寄進すると、頼朝は二条天皇の蔵人に任じられている。頼朝にも貴族社会の道を順調に歩んでいた時期があったのである。

だが、三浦、千葉、上総介らの諸氏は、まず東国の反対勢力を鎮圧すべきとし、頼朝の指示を拒んだのである。現実に常陸では、源頼光の子孫佐竹氏が平氏や奥州藤原氏と結んで、上総介や千葉と争っており、北関東では頼朝の叔父志田義広《しだのよしひろ》などが頼朝に帰伏せず、背後を脅かしていた。

後に上総介広常が頼朝に、「どうして朝廷のことをばかり、見苦しく気にするのでしょう。こうして坂東にいれば、誰があなたをこき使うことができるのでしょう」と言ったとされるように、東国の武士団は、これまで植民地のように扱われてきた西国の政権に対して強い不満があった。頼朝は戦いながらそのことを学び〝関東の武士に利益のある〟政権作りを目指したため、結果として、関東に朝廷に対抗する武士政権を作ることができ、武士たちは利益を保証してくれる頼朝を担いでいったのであった。

こうして頼朝は進路を東にとるが、十月二十三日には鎌倉への帰路の相模国府で今回の合戦の論功行賞を行なっている。本来なら朝廷から勲功されるのだが、頼朝は東国武士たちが望む自分の置かれた状況を理解し、反乱軍のボスと自認したわけである。

十月二十六日、頼朝は鎌倉に凱旋《がいせん》したが、翌日には鎌倉を進発して佐竹攻撃に向かった。直後佐竹秀義が奥州に逃亡すると、佐竹の所領は勲功として東国武士に分け与えられた。志田義広は寿永《じゅえい》二年に志田義広は頼朝に面会したが、常陸南部で独自の勢力を維持した。志田義広は寿永二年（一一八三）二月に小山朝政、源範義、結城朝光らと戦って敗れ、木曾義仲の陣営に加わった。

独立した勢力を保つ木曾義仲は、頼朝と対立する叔父の志田義広や新宮行家《しんぐうゆきいえ》を庇護したため、頼朝との関係が険悪になっていった。義仲は頼朝との衝突を避けるために、三月には一一歳の嫡子義高《よしたか》を頼朝の長女大姫《おおひめ》の婿という名目で、実質は人質として頼朝に差し出すことで和議が成立した。この後の五月に義仲は倶利伽羅峠《くりからとうげ》で平氏軍を破っている。

後に義仲が範頼・義経の軍に敗死すると、義高の立場は微妙になった。寿永三年（一一八四）四月に大姫は義高に馬を与え、義高は馬の蹄《ひづめ》に布を巻いて音を消し、密かに逃亡した。これを知った頼朝は堀親家《ほりちかいえ》らに義高を追わせ、義高は入間《いるま》河原で藤内光澄《とうないのみつずみ》に討ち取られた。義高の死を知った大姫は悲しみのあまり病床に伏すと、母の政子は怒って頼朝に詰め寄った。頼朝は藤内光澄を捕らえて晒首《さらし》にしたというが、娘の悲しみを思う妻の怒りを抑えられなかった。それにしても、罪を負わされ殺された藤内光澄こそ哀れである。

御所の建設

頼朝は早急に鎌倉に自館を建てねばならなかった。父義朝も住んだ亀ヶ谷《かめがやつ》の屋敷跡は手狭であるうえに、岡崎義実《おかざきよしざね》が亡君義朝のために持仏堂《じぶつどう》を建てていたために断念する。現在はこの地に寿福寺が造営されている。

頼朝は六浦道《むつら》に面した大倉の地に居館を造営することにし、治承四年（一一八〇）十月九日には、大庭景能を奉行にして屋敷の建造を開始した。だが、頼朝の居館は東国政権の政庁ともなるため落成を急がねばならず、知家事兼通《ちけじかねみち》という者の館を移築したとされる。知家事というのは、上級公家などの家に置かれた政所の役人のことで、この場合は山内首藤兼通を指しているとする説もある。

工事の期間中は、頼朝は上総介広常の屋敷に居住したとされる。上総介、千葉、三浦の三氏は頼朝の兄の悪源太義平の直属の武士であり、三氏は江戸湾を囲んで古くから連携していた。上総介広常の屋敷はすでに六浦道の現在の朝夷奈切通《あさいなきりどお》し沿いにあったとされている。

十二月十二日には、東西二丁半（一丁＝約一〇九メートル）、南北二丁の敷地に「大倉御所」がついに落成した。現在の清泉《せいせん》小学校の敷地は、大倉御所の東北隅の四分の一にあたる。

この日、屋敷への引っ越しの儀式である〝御移徙之儀《ごいしのぎ》〟が、侍所《さむらいどころ》別当となった和田義盛の指図で行なわれた。頼朝はこのセレモニーを重視し、出仕した三一一人の武士たちに、改めて頼朝に仕えることを自覚させた。これが御家人《ごけにん》の誕生であり、東国武士たちは頼朝を〝鎌倉の主〟に推戴《すいたい》し「鎌倉殿」と呼ぶようになる。

とはいえ、頼朝の公的な立場は前右兵衛権佐の流人であり、坂東の武士たちが勝手に担いだ反乱軍のボスにすぎない。だが、頼朝の支配した相模、武蔵、安房、上総、下総、伊豆の六ヵ国（後に甲斐、信濃、駿河、遠江も加わる）の東国新政権は、この日が幕府のスタートとしていたと思われる。

鎌倉政権を象徴する頼朝の居館は、建造を急ぐあまりに古い屋敷の移築で間に合わせていたが、裏山に住む狐《きつね》の子が頼朝の寝所に入ってきたこともあり、間もなく新築する。安房から工匠を召し出し、御家人たちが所領から人夫としての農民を提供し、養和《ようわ》元年（一一八一）六月には完成した。新大倉御所は寝殿造《しんでんづくり》で、御主殿を中心にして左右の対ノ屋と架け橋で結んでおり、東の対ノ屋は侍所である。

六浦と鎌倉を結ぶ「朝夷奈切通し」の、小さな滝上に上総介広常は屋敷を営んでいたとされ、現在は果樹園になっている

侍所はすでに治承四年（一一八〇）十一月に設置されており、別当に和田義盛、所司に梶原景時が任じられている。侍所は御家人たちのサロンで、これまで知り合うこともなかった武士たちが仲間意識を醸成《じょうせい》して親交を持つ場所になる。誰かが頼朝に酒を献上すれば、たちまち頼朝を含めた大宴会となったようだ。ちなみに、寿永二年（一一八三）十二月に上総介広常が、元暦元年（一一八四）六月に甲斐源氏の一条忠頼が、誅殺されたのも侍所である。

元暦元年八月から公文所《くもんじょ》建設の工事が始まり、十月には完工して、その別当に大江広元《おおえひろもと》が任じられた。公文所は、もとは公卿《くぎょう》の政所や国衙・荘園などに設置された公文書を管理する機関だが、頼朝は家政機関として公文所を置いた。建久《けんきゅう》元年（一一九〇）に頼朝が従二位に任じられて公卿に叙せられると、慣例に従って政所を設置して公文所の組織を政所に移行して統合した。政所は筋替橋の西側に置かれた。

また、初期の問注所《もんちゅうしょ》は大倉御所の東側にあり、二間の入口に「問注所」と書いた額を打ち付けただけの簡素なもので、執事に三善康信《みよしやすのぶ》が任じられた。だが、邸内に訴人の怒号が飛び交ったため頼朝は移転を命じ、建久十年（一一九九）四月に現在の御成小学校前に移転されたが、その直前に頼朝は死亡している。

文治《ぶんじ》二年（一一八六）八月に漂泊の歌人西行《さいぎょう》が、重源《ちょうげん》上人に頼まれて東大寺の再建費用を勧進《かんじん》するため奥州に向かったが、途中で鶴岡八幡宮に立ち寄り参詣をしていた。この西行を頼朝が見つけて御所に招いた。若い頃の西行は、秀郷流藤原氏の武士として佐藤義清《のりきよ》を名乗り、北面《ほくめん》武士として鳥羽院に仕えたことがあった。だが、にわかに出家し、心のおもむくままに諸国を漂泊する旅に出て諸所に草庵を営み、多くの和歌を残している。

頼朝は西行に歌道や武芸一般に関する儀礼などを熱心に質問したので、七〇歳になろうとする西行も夜通しそれに答え、頼朝は話の内容を藤原俊兼《としかね》に書き留めさせた。翌日の昼に西行と別れる際に、頼朝は銀造りの猫を贈ったが、西行はその銀の猫を門前に遊ぶ子どもに与えてしまったという。東大寺再建費用の勧進の旅でありながら、西行のこの行動は理解し難いが、頼朝に権力者の思い上がった一面を見たのかもしれない。

ところで、源氏の統領である頼朝の御所といえば、いかにも厳《いか》めしいが、門前で子どもが遊んでいたのである。

問注所の碑は、今小路に面した御成小学校前にある

幕府の変遷

大倉御所は建久二年（一一九一）と建保《けんぽ》元年（一二一三）に焼失しているが、そのつど同じ場所に再建し、源氏三代の治承四年（一一八〇）～承久《じょうきゅう》元年（一二一九）の間に幕府が置かれた。

承久元年正月に三代将軍実朝《さねとも》が公暁《くぎょう》によって暗殺され、十二月には大倉御所も焼失するが、実朝に子がなかったため、その以前の七月には後継将軍として京から右大臣九《く》条道家《じょうみちいえ》の子で二歳の三寅《みとら》が迎えられ、大倉御所の東方で二階堂大路《にかいどうおおじ》の東側の荏柄天神社《えがらてんじんしゃ》前にある北条義時の大倉邸内に新築された邸に入っている。義時は小町に邸を持っていたが、頼朝の死後に大倉御所の東隣に引き移っており、承久二年（一二二〇）の承久の乱の前年には荏柄天神前に邸を構えていたのである。

承久元年（一二一九）～嘉禄《かろく》元年（一二二五）の間は、

西御門の碑

大倉幕府の碑

東御門の碑

三寅は幼少で正式に将軍に任命されていなかったが、二階堂大路の仮御所に幕府が置かれていたことになる。

　この時、元の大倉御所を再建するか、若宮大路方面に御所を移転するかの意見が出されたが、源氏三代の記憶を断ち切って新体制を作ろうという意図が反映されたようだ。

　三寅は嘉禄元年（一二二五）十二月に、新築された宇都宮《うつのみや》辻《つじ》御所に移って元服し九条頼経《くじょうよりつね》を名乗り、執権北条泰時《やすとき》に主導されて正式に四代将軍に任じられた。

若宮大路御所跡

宇都宮辻御所跡

これによって鎌倉という都市の基本軸は、山側の東西道から若宮大路の南北道に移った。御家人たちの屋敷も大倉御所周辺に密集していたが、多くの屋敷が若宮大路方面に移築し、海岸方面の発展へと繋がっていく。

大倉御所の跡地には、金沢実時《かなざわさねとき》や阿曾沼秀親《あそぬまひでちか》など御家人の屋敷もあったようだが、堀が埋められて敷地が細分されて、嘉禎《かてい》元年（一二三五）に跡地の湯屋《ゆや》から出火したという記録があり、御所移転の一〇年後には、すでに多くの民家が密集していたようだ。

宇都宮辻御所は、嘉禄元年（一二二五）～嘉禎二年（一二三六）の間、幕府機能が置かれた。嘉禎二年八月には、将軍頼経が大病を患ったので、地神の祟りを避けるために、宇都宮御所の北側の若宮大路御所に移転している。若宮大路御所は、嘉禎二年（一二三六）～正慶《しょうきょう》二年（一三三三）の一〇〇年間近く幕府が置かれ、幕府滅亡とともに消滅した。

勝長寿院の建立

幕府の侍所・政所・公文所の三官衙の建設と同時に、頼朝は平治の乱で死亡した父義朝を供養することで鎌倉を鎮護しようとし、阿弥陀山勝長寿院《あみださんしょうちょうじゅいん》を建立する。これは一般的に大《おお》御堂《みどう》と呼ばれ、大倉御所の南側であったので南御堂ともいう。

頼朝が伊豆で用材を探し、工事は文治元年（一一八五）二月にはじまり、四月十一日に上棟式が行なわれた。この最中に、義経から三月二十四日に長門国の壇ノ浦《だんのうら》で平氏を討ち滅ぼしたという急使が到着した。頼朝は無言で鶴岡八幡宮に向かって拝礼したという。

尾張国で殺害された父義朝の首は、京の東ノ獄門に梟首《きょうしゅ》された。頼朝がその首を要求すると、後白河は検非違使に命じて探させ、郎党鎌田正清《かまたまさきよ》の首とともに鎌倉に送り、九月三日に到着した。

十月二十四日に勝長寿院の落成式が行なわれたが、その前日に義経が頼朝追討の院宣を受けたという知らせが入っていた。だ

義朝の菩提を弔った勝長寿院の跡

が、頼朝はまったく動揺することもなく落成式に臨んでいたという。

鶴岡八幡宮の建立

大倉御所の建設と同時に、頼朝は伊豆山権現の僧専光坊《せんこうぼう》良暹《りょうせん》を招き、元八幡（由比若宮《ゆいわかみや》）を移転する工事をはじめている。鎌倉近在にはしかるべき宮大工がいないため、武蔵国から浅《せん》草寺《そうじ》の宮大工を呼び造営する。

これが鶴岡八幡宮となるが、当時の場所は石段の下に位置した。源氏の氏神に御所の鎮護を託すため、早急に社殿を設けねばならず、松の柱と萱葺《かやぶ》きの屋根というきわめて質素なものだった。この時期に山側の東西道を、鶴岡八幡宮を迂回《うかい》した横大路から筋替橋にいたるルートに付け替えている。

翌養和《ようわ》元年（一一八一）には、大庭景能が奉行して本格的な八幡宮社殿が新築され、八月に梶原景時の奉行で遷宮を行なっている。

義朝と一の郎党鎌田正清の墓

旗上げ弁財天社

鶴岡八幡宮

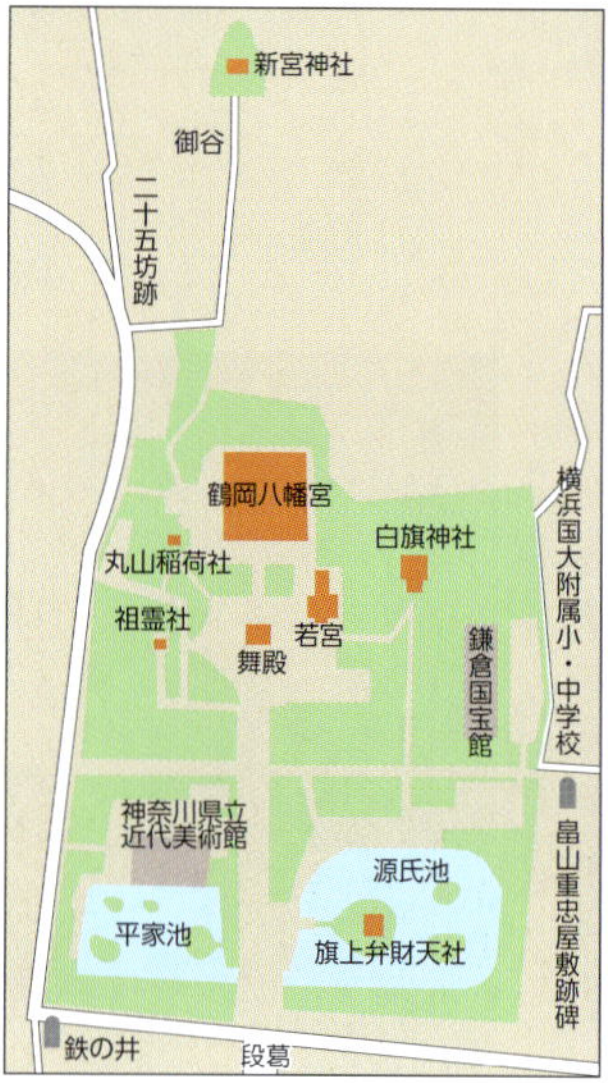

白旗神社

若宮

丸山稲荷社

建久二年（一一九一）には大火によって焼失したが、改めてご神体を京の石清水《いわしみず》八幡宮から勧請《かんじょう》し、現在のように石段の上に本宮が造設され、従来の社殿は若宮と称されるようになった。

鶴岡八幡宮は、源氏の氏神として祀られたものだが、頼朝は幕府と都市鎌倉の守護神としている。

文治三年（一一八七）から石清水八幡宮にならって、生き物を放って功徳を施す放生会《ほうじょうえ》を行なうようになったが、これは西行の教えが基になっているとされる。

八月一日から法会当日の十五日までは、東国一帯に殺生禁断の命が出され、頼朝が東国の支配者であることを認識させるとともに、鶴岡八幡宮が東国社会の守護神となっていった。建久元年（一一九〇）から放生会の行事が拡大されると、八月十五日は許された少数御家人の参加による供養や舞楽が行なわれ、十六日には一般見物人

二十五坊跡は駐車場などになっている

現在は舞殿での結婚式で
雅楽が演奏される

に開放して流鏑馬や競馬《くらべうま》が馬場で行なわれるようになる。

鶴岡八幡宮の最高責任者の別当は幕府が任命し、供僧《ぐそう》を管理して幕府のための祈禱《きとう》が行なわれた。明治時代以前の鶴岡八幡宮は神仏習合によって〝鶴岡八幡宮寺〟とされ、境内には寺院の施設も多く、別当は僧侶で、二五人の供僧らの住居である「二十五坊」は、八幡宮北西の〝御谷《おやつ》〟地域にあった。

都市鎌倉

日本には奈良、大阪、京都など、いくつかの古都があるが、鎌倉は初めて本格的な武家政権が置かれたという特徴がある。奥州にも十一世紀より藤原氏の拠点として都市的な様相を示す

都市鎌倉の中心線「段葛」

筋替橋の跡

畠山重忠邸跡

文覚邸跡

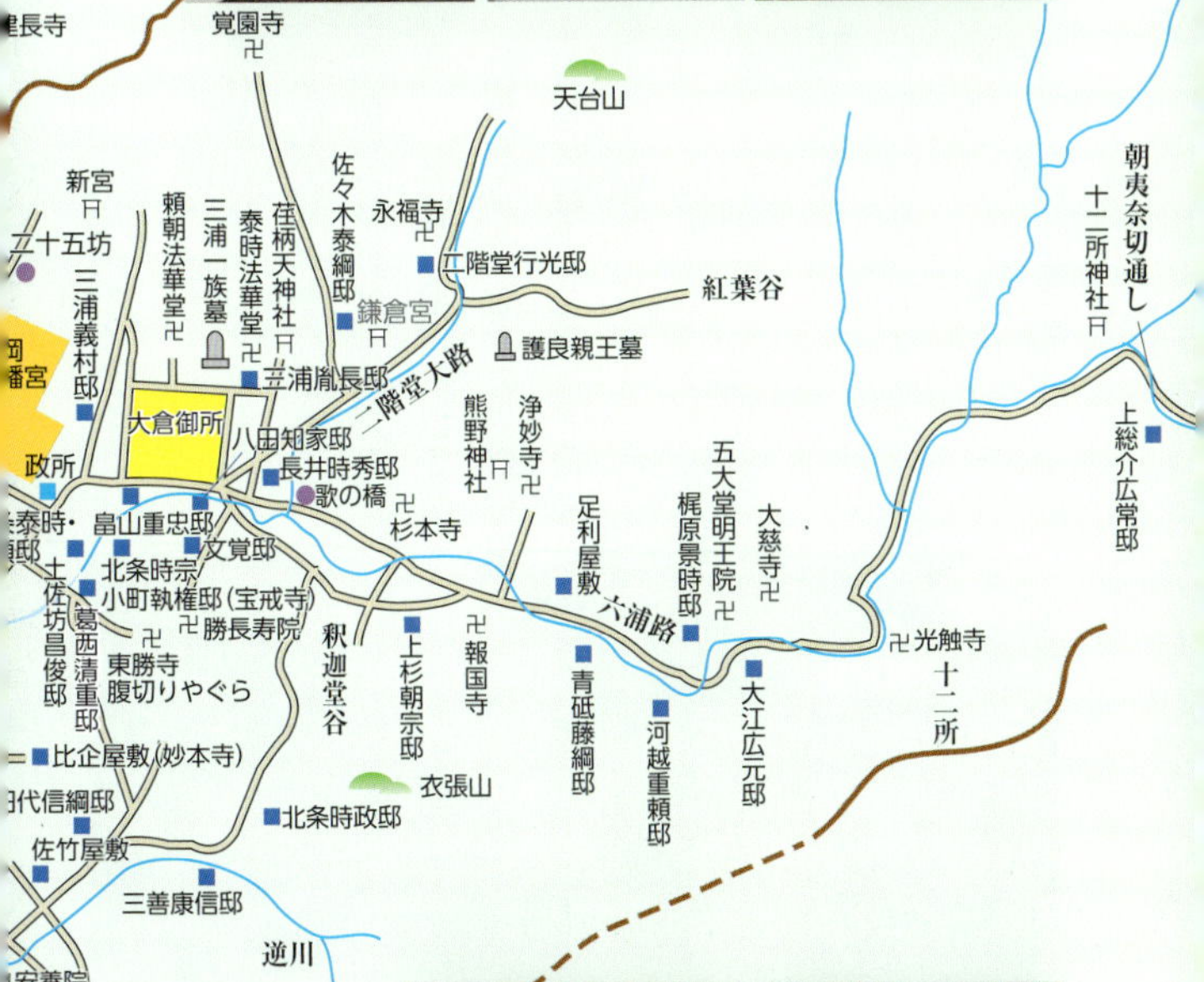

青砥藤綱邸跡

大江広元邸跡

佐助稲荷

銭洗弁天

北条政村邸跡

京の平泉《ひらいずみ》があったが、本格的な武家政権の拠点都市となるまでにはいたらなかった。

鎌倉に幕府が成立したことを契機に、鎌倉は政権を持つ将軍の都市として発展し、京の平氏の一族が集住していた六波羅に幕府関係の施設を設けた。各地に守護所などの武家の拠点を置くと、それらは後に城下町に発展していったことから、鎌倉は日本各地に広がっていく武家都市の原初的な姿であり「武家の古都」なのである。

寿永元年（一一八二）三月から、鶴岡八幡宮から由比ヶ浜にいたる、曲がりくねった参詣の道の修造がはじまった。政子の安産祈願のため頼朝自らが指揮を取り、現在の道幅よりも広い三三・六メートルの「若宮大路」を造り、道の両端には幅三メートル、深さ一・五メートルの側溝が設けられて、糞尿もそこに流していた。

若宮大路の中央部には、北条時政以下の御家人たちが土や石を運んで「段葛《だんかずら》」が築かれた。一段高く築いた道に葛石《かずらいし》（縁《へり》石《いし》）を置いたもので、当時の段葛は現在よりも長く、現在の下《げ》馬《ば》四つ角である下ノ下馬あたりまであったとされ、その先は砂浜であった。

近年発見された浜の大鳥居の礎石は、一の鳥居付近にあり、当時の鳥居は砂浜に立っていたと思われる

段葛が東西道路と交差するのは、北から「上ノ下馬」「中ノ下馬（二ノ鳥居付近）」「下ノ下馬」という三カ所の「下馬」だけであった。また、現在は桜の名所の一つになっているが、植物が植えられたり、両側面に玉石を積んだりしたのは明治以降のことである。

これより前の義朝の時代には、段葛のあたりは湿地であったようで、小舟なら小川を伝って寿福寺近くまで行けたとされる。この若宮大路は、鎌倉の基本軸であるが一般的な交通路ではなく、段葛沿いに建つ御家人の屋敷は、北条氏など有力御家人以外は段葛に面して出入り口を持つことは許されなかったようだ。若宮大路は側溝と屋敷の築地塀《ついじべい》や土塁に囲まれた空白地帯で、将軍の参詣など宗教的・儀礼的な通路であった。

また、この若宮大路は、役所や重臣の屋敷がある東側が西側よりも高く作られていた。それは市街戦になった場合には、高い東側からの攻撃が有利になるためで、実際に後の和田合戦では西側に陣取った

最近まで発掘調査がなされていた永福寺跡

和田義盛の軍勢は劣勢に立たされているのである。

文治五年（一一八九）十二月から、頼朝は奥州合戦の戦没者を鎮魂する永福寺《ようふくじ》の建立をはじめた。これは平泉中尊寺の大長寿院《だいちょうじゅいん》（二階大堂）を模したもので、「二階堂」と呼ばれて付近の地名にもなっている。鶴岡八幡宮、勝長寿院、永福寺は頼朝が建立した寺院として幕府が直接管理した。

鎌倉は三方を山地に囲まれた天然の要《よう》害《がい》で、京の公家が「鎌

山の斜面を垂直に削った大切り岸

騎馬での通過を困難にする大石を道の中央に置いた名越切通し

倉城」と表現した。現実に周囲の山の外側を垂直に削って切岸《きりぎし》とし、犬走《いぬばし》りも作っている。また、取り巻く山に切通しを開いて街道と鎌倉を繋げたが、敵の侵入を防ぐため道幅を狭くしたり、置き石で騎馬での通過を困難にしたりしている。

鎌倉に入るには切通しを通らねばならないため、切通し口付近には掘立《ほったて》小屋の露天が集まっていたようだ。これら陸路の入口は「鎌倉七口《ななくち》」とされるが、これは江戸時代になって京の七口をもじったものとされている。だが、現在も自動車が通れない大仏《だいぶつ》切通し、朝夷奈《あさいな》

切通し、名越《なごえ》切通しの三カ所は、明治時代以前の面影が残っている。

したがって、鎌倉に自動車を使って入るには、朝比奈からの金沢鎌倉線、逗子方面から横須賀線沿いに大町へ入る鎌倉葉山《はやま》線、大船方面から小袋谷《こぶくろや》を通り鶴岡八幡宮へ出る横浜鎌倉線、藤沢方面から手広《てびろ》を通り長谷《はせ》に出る藤沢鎌倉線と海岸線を走る国道一三四号線だけしかない。

幕府は京と鎌倉を結ぶ往還《おうかん》は、将軍の上洛や公用に備えて優先して宿駅の整備をした。また幕府は、東国の御家人たちが〝いざ鎌倉〟という時に馳《は》せ参じる軍道でもある鎌倉街道を三本造った。

そのうち、西側の上道は篠ノ井山道《しののいさんどう》ともされ、武蔵府中、入間川、高崎《たかさき》を通過して碓氷峠《うすいとうげ》から信濃に結ばれている。中道は日光《にっこう》街道ともされ、戸塚、武蔵渋谷、鳩ヶ谷《はとがや》、小山、宇都宮《うつのみや》を通過して奥州に通じている。東側の下道は江戸湾沿岸を通って下総国府から常陸方面へ通じるもので、幅約六メートルの道を直線的に延ばし宿駅を結んでいた。これらの道を生活道路として商品などが鎌倉に運ばれ、

化粧坂切通し

極楽寺坂切通し

そこからの枝道は関東各地に伸びていた。

やがて鎌倉が関東の中心でなくなると、道は山や丘に沿って曲がり、村と村を結んだ道を鎌倉街道と呼ぶようになるが、本来の鎌倉街道の多くは、林の中に眠っているのである。

頼朝が大倉に居館を建設すると、その周辺に御家人たちは屋敷を建設していったので、現在の金沢街道がメーンストリートになっていった。だが、鎌倉には大きな平地はなく、山間の谷戸《やと》の斜面を削って平地としたので、御家人たちは湿気の多い土地に居住していた。

また、鎌倉は良い水に恵まれた地ではなく、井戸を掘っても鉄気《かなけ》の多い赤茶色い水であることが多い。古老によると昭和の初期頃までは滑川《なめりかわ》で洗い物をし、風呂水を汲《く》んでいたと

小町通りの鉄の井

明月院の瓶の井

海蔵寺の底抜けの井

極楽寺坂の上り口にある星月の井

されて、鎌倉時代には飲み水にも苦労していたと想像できるのである。

江戸時代になって、鎌倉が観光地として再び脚光を浴びるようになると、「鎌倉十井《じゅっせい》」や「鎌倉五名水」など、水に関連した言い伝えが再考され、名所とされるようになっていった。

鎌倉に平地が少ないということは、墓地にも影響している。初期には身分のある武士などの遺骨は法華堂に埋葬されていて、源頼朝の墳墓も法華堂である。

庶民が死者を埋葬し菩提《ぼだい》を弔うようになるのは、庶民が仏教の影響を受ける鎌倉時代の後期になってからで、それまでは河原や野原に遺体を放置したり、川に流していたという。

東泉水やぐら

明月院のやぐら

扇ガ谷のやぐら

駐車場に利用されたやぐら

幕府は弘長《こうちょう》元年（一二六一）には市中に遺体を放置してはならないという御触れを出すこともあり、そのあたりからは前浜《まえはま》（由比ヶ浜）の集団墓地に土葬されたようだ。

鎌倉の都市化が進むと人口が急増し、執権北条泰時の時代には、平地を占有する法華堂を建てることを禁止したようで、地位のある者は寺の中の墓地に葬られたが、それは限られた人たちであった。そこで、山稜部の山肌に横穴を掘って岩窟《いわくら》が造られ、これを鎌倉では〝やぐら〟と呼び、火葬骨が埋葬されるようになったとされる。

現在でも道端の崖横や谷戸奥部、切通し道、ハイキングコースの山稜部などに洞穴が開き、内部に供養塔が残るものもある。やぐら内の壁や天井の多くは漆喰《しっくい》が塗られ、壁画が描かれたものもあったようだが、今に残るやぐらのほとんどは岩肌のみである。

現在の大町から海にいたる地域に町屋があり、大町のあ

鎌倉時代の墓園である「まんだら堂やぐら群」

たりまでは船で荷を運んだようだ。漁業海運関係者の信仰はエビス神にあり、本覚寺《ほんがくじ》の夷堂《えびすどう》あたりは海運物流のセンターであり、そこから海（海運）の神様である夷様が祀られたのだろうとされる。

建長《けんちょう》三年（一二五一）に、幕府は市中の商業区域を定めた。大きな材木は狭い陸路での運搬は無理で、海から運ばれたため海岸に材木商人が集まった材木座《ざいもくざ》があった。由比ヶ浜には職人の工房がひしめいており、街道の交差点や辻には簡単な小屋を建て、定期的に市が開かれるようになる。農民が農産物を、漁師は魚介類を、狩人は山鳥などを持ち寄って売買されていた。

鎌倉幕府の開府以降、相模湾の交通量は増加していたが、付近の前浜は水深が浅く艀《はしけ》が必要で事故も少なくなかった。そこで貞永《じょうえい》元年（一二三二）に土木技術の専門家でもあった勧進聖《かんじんひじり》の往阿弥陀仏《おうあみだぶつ》が、鎌倉幕府に相模湾

近代建築になった本覚寺の夷堂

大町の町屋にある辻薬師堂

東岸の飯島岬《いいじまみさき》の先に港湾施設を築《きず》く許可を願い出た。

執権の北条泰時はこれを強く後援して家臣に協力させ、海路を用いて相模国西部や伊豆国の石を運び、八月二十六日には竣工した。これを和賀江島《わかえじま》と名付け、南宋《なんそう》などからの船が来港していた可能性もある。

こうして賑わった鎌倉だが、室町時代になって、四代鎌倉公方《くぼう》足利持氏《もちうじ》が六代将軍足利義《よし》教《のり》と対立する。永享《えいきょう》十年（一四三八）には、関東管領《かんれい》上杉憲《のり》実《ざね》が持氏を諫《いさ》めたが、憲実が暗殺される風説が流れたため、憲実は管領職を辞して所領のある上野に逃れていった。その頃から鎌倉の都市機能が消滅していったのである。

変わってきた歴史教科書

鎌倉幕府の成立年は、一一九二年と学校で習い、〝いいくにつくろう鎌倉幕府〟の語呂合わせを教わった人は多いだろう。

源頼朝が征夷大将軍に任じられた建久三年（一一九二）七月を、鎌倉幕府の成立した年とするのは、幕府を開くには征夷大

潮が引くと現われる和賀江島

将軍の称号を必要とするとした、江戸時代の国学者塙保己一《はなわほきいち》の考えを踏襲《とうしゅう》したものである。

幕府の〝幕〟は天幕《てんまく》のことで、〝府〟は役所を意味する。中国では東夷《とうい》・西戎《せいじゅう》・南蛮《なんばん》・北狄《ほくてき》と呼ぶ四囲の諸国を討伐するにあたって、王に代わって征討する将軍に遠征地での統治を委任したため、その征討将軍の幕舎を「幕府」と呼んだのである。

日本に於いても、古代から朝廷は蝦夷《えぞ》などに対して征討軍を派遣しており、「征夷大将軍」は天皇から任命されて節刀《せっとう》を賜わった。武人すべての最高司令官である征夷大将軍の遠征時の本営を幕府と呼ぶようになり、源頼朝が前右近衛大将から征夷大将軍の称号を得たことで、平時にも政策発信地を幕府とし、実質的には武家政権の政庁となっていった。

とはいえ、頼朝が、鎌倉幕府の成立を明確に宣言したわけではなく、そのため鎌倉幕府成立とする時期も、幕府とは何かという立脚点の相違から諸説ある。

A　治承四年（一一八〇）八月に頼朝は挙兵し、十月に鎌倉入りした。十一月には侍所を設置し、南関東に軍事政権を確立した時期とする。

B　寿永二年（一一八三）十月、頼朝の東国支配権が認められる宣旨が出る。頼朝は反乱者の地位から解放され、朝廷が東国の荘園や国衙領に頼朝の支配権を公認した時期とする。

C　元暦元年（一一八四）十月、鎌倉に政務を処理する公文所、訴訟や裁判を司《つかさど》る問注所を設立。政権の内部機構が調《ととの》えられた時期とする。

D　文治元年（一一八五）十一月、頼朝は源行家《ゆきいえ》・義経の追捕《ついぶ》を理由に、諸国に守護・地頭の設置と反別五升《たんべつごしょう》の兵糧米《ひょうろうまい》徴収を朝廷に認めさせ、関東だけでなく日本全国において軍事警察権責任者の地位を獲得した時期とする。

E　建久元年（一一九〇）十一月、頼朝が権大納言、右近衛大将に就任。頼朝が右近衛大将に任じられたことで幕府が開かれた時期とする。

F　建久元年（一一九〇）十一月、頼朝は日本国追捕使と総地頭の地位を獲得。文治五年（一一八九）の義経の死によって守護・地頭の初期の役割は消えるが、諸国守護を恒常的に担当するようになった時期とする。

G　建久三年（一一九二）七月、頼朝が征夷大将軍に就任した時期とする。

という七つの主張がある。ただし、前述した、おそらく頼朝自身が新政権の誕生を意識したと思われる、大倉御所が完成し「御移徙之儀」のあった、治承四年（一一八〇）十二月十二日は含まれていない。しいて近いのが、A説であろう。明治以降の歴史学界では、しばらくＤ説を通説としてきたが、これにも反論があり、現在も決着を見ていない。

さらに、教科書などに掲載された頼朝の肖像画は、頼朝と断定できなくなっている。京都の神護寺《じんごじ》に伝来する国宝の三枚の肖像画は『神護寺略記』に記されている平重盛、源頼朝、藤原光能《みつよし》に比定する考えが通説となっていたが、何を理由に各人に比定したかは明白でなかった。

服装の特徴や絵絹の大きさなどから、制作年代を十三世紀前半まで下げる意見も出され、さらに「東山御文庫文書《ひがしやまごぶんこ》」には、康永《こうえい》四年（一三四五）四月に、足利直義《ただよし》が兄尊氏《たかうじ》と自分の肖像画を神護寺に奉納したとあり、三画像のうちの二点が尊氏と直義に該当しないかとされ、これまで頼朝とされた右向きの画像を直義とする美術史学者が説を展開した。

この説にも多くの反論があり、神護寺の三画像の論争も決着していないのが現状である。

頼朝の復権

寿永二年（一一八三）五月、以仁王の遺児北陸宮《ほくりくのみや》を擁した木曾義仲は、越中国の倶利伽羅峠の戦いで平維盛の軍を打ち破った。各地で敗北を重ねた平氏一族は、木曾義仲の軍が迫ったことで七月には京を棄て、幼帝安徳と母后建礼門院《けんれいもんいん》徳子を擁して西海《さいかい》に落ちていった。

この時、後白河は平氏の逃走を事前に知って比叡山《ひえいざん》に逃れたが、平氏は後白河を手中にできなかったことが致命的な失態となった。

義仲軍が近江から比叡山を経て京に雪崩《なだ》れ込むと、その京は飢饉で疲弊した殺伐《さつばつ》とした風景であった。義仲軍は略奪や狼藉《ろうぜき》で都中から反発され、義仲も安徳天皇後の皇位継承問題に介入して北陸宮を推《お》したため、後白河や貴族たちかも反感を買っていた。

頼朝は後白河へ叛意《はんい》がないことを伝えるなどの、政治的な工作をしていたが、後白河は義仲に平氏追討の院宣《いんぜん》を与えて西海に向かわせ、頼朝に対して上洛を促した。だが、頼朝は奥州の藤原氏の動向を理由にして動かず、義仲の行動を反面教師として自らが高評価されるように立ち回っていた。

寿永二年（一一八三）十月九日、頼朝は伊豆配流以前の従五位下に復し、謀反人ではなくなった。さらに十四日には、後白河から東国の紛争解決に全権を委任する宣旨を与えられた。頼朝は、東国で平氏が横領した荘園や国衙領について旧領主の支配を認めており、朝廷は話の分かる頼朝として東国実効支配や「鎌倉殿」という立場を認めていた。

平氏を追って西国に向かった義仲だが、備中《びっちゅう》国水島《みずしま》で敗北を喫《きっ》し、頼朝の弟が大軍を率いて上洛するという情報を受けて急いで京に帰った。

義仲は後白河が頼朝の上洛を促したことや、寿永二年十月の宣旨を発したことを猛烈に抗議した。十一月になり源義経の軍が不破関《ふわのせき》に達すると、後白河周辺と義仲の間に緊迫した空気が流れた。

後白河は院の御所とする法住寺殿《ほうじゅうじどの》に延暦寺や三井寺の僧兵を集めて武装化させ、後白河の呼びかけに応じて、摂津源氏の多田行綱や美濃源氏の源光長《みつなが》が駆けつけると、義仲に「ただちに平家追討に西下せよ、京に逗留《とうりゅう》するなら謀反とする」と最後通牒《つうちょう》を発した。

十一月十九日未明、義仲軍は法住寺を攻めて軍事クーデターを敢行し、後白河法皇と後鳥羽天皇の身柄を確保して五条東洞院《ひがしのとういん》の摂政邸に幽閉した。

頼朝は義経に近江や伊勢あたりで京の様子を探らせていたが、後白河からの救援要請を受けて弟範頼《のりより》を大将とする軍勢を鎌倉から差し向けた。

●梶原太刀洗水《たちあらいみず》

朝夷奈切通しの上にある「屋敷田」と呼ばれるところに、上総介広常の屋敷があったとされる。一説には、ここで梶原景時が酒のもてなしを受け、双六に興じているときに広常に襲いかかって首を取り、朝夷奈切通しの岩肌から湧き出る鎌倉五名水の一つで、太刀の血を洗い流したという。

だが『吾妻鏡』には、景時が上総介広常を討ったのは侍所とあり、広常の嫡男能常《よしつね》が自害したとされているので、広常の屋敷に討手が差し向けられたと思われる。

梶原太刀洗水

東国の武士たちには京への遠征は気乗りのすることではなかった。だが、十二月に上洛軍反対の代表格である上総介広常が、大倉御所の侍所で梶原景時と双六《すごろく》に興じていたところ、景時は双六盤を乗り越えて広常におどりかかって殺害した。

広常はこれまで頼朝に対しても傲慢《ごうまん》な態度があったが、頼朝が景時に殺害を命じたという記録はない。侍所の所司《しょし》（準長官）として御家人の統率をする景時は、上洛軍反対の声を封殺させたい頼朝の意を汲んで行動を起こしたに違いないだろう。頼朝はこの件で景時を罰してはいない。

平氏滅亡

寿永二年（一一八三）十二月、義仲は征東《せいとう》大将軍になって全権を掌握し、自らを旭将軍《あさひしょうぐん》と自賛した。そして源頼朝追討の院庁下文《いんのちょうくだしぶみ》を発給させて官軍の体裁を整えた。

翌年一月には源範頼・義経が率いる鎌倉軍が目前に迫り、義仲は京都の防備を固めたが、義仲に付き従う兵は一〇〇〇騎ほどしかなかった。

防御線の宇治川を破られた義仲は、後白河の連れ出しに院御所へ向かったが、義経の追撃が速く、後白河は救出された。義仲は、今井兼平《いまいかねひら》に守らせた近江国瀬田《せた》に向かうと、ここでの戦いでも惨敗し、今井兼平ら数名とともに、木曾に向けて落ちようとした。だが、少し先の粟津《あわづ》で討死《うちじ》にした。

範頼と義経が入京すると、頼朝に平氏追討の宣旨が出された。九州の大宰府に落ちた平氏は勢力を回復させ、京の奪還をうかがって福原に進出し、東は生田《いくた》から西は須磨《すま》までの広範囲に陣を敷いていたのである。

寿永三年（一一八四）一月末には、範頼と義経は軍を率いて京を発したが、東国武士は多くなく、それまで義仲に与《くみ》していた京周辺の武士たちを糾合《きゅうごう》したものであった。

範頼は生田から、義経は丹波《たんば》・播磨《はりま》を迂回して西の一ノ谷《いちのたに》から平氏を挟撃した。生田口、塩屋《しおや》口、夢野《ゆめの》口で戦闘があったが源氏は攻めあぐね、義経が一ノ谷の背後の険阻《けんそ》な鵯越《ひよどりごえ》を駆け下りて平氏の陣に突入すると、ついに平氏は支えきれずに多くの一門を失って、讃岐《さぬき》国屋島《やしま》に向けて退却していった。

梶原景時と土肥実平《どひさねひら》は山陽道に進駐し、義経は京で治安維持に

●西国の食糧不足

東大寺は、頼朝も再建資金を出すなどして建て直されたが、必要な大木は山口県の佐波《さば》川上流の山で伐採した。

だが、巨木を流すには川を堰《せ》き止めて水位を上げねばならない。その堰跡から当時の木材が発見された。この木材を「年輪年代法」によって調べると、一一七七年から一一八六年の間の西日本は、気温が高く干魃《かんばつ》期であったことが判明し、反面、東国は気温が上がって収穫量が高まっていた。

京に入った義仲軍が食糧不足に悩まされ、義仲討伐に向かった鎌倉軍は、十分な食糧があったことが証明されたのである。

あたった。これまでの戦いは大将が陣頭指揮をしたが、平氏の追討では頼朝は鎌倉から動かず、梶原景時と土肥実平を頼朝の〝眼代《がんだい》〟として範頼と義経に付け、頼朝の弟といえども眼代に相談せず独断での行動を禁じた。眼代は軍《いくさ》奉行とか軍《ぐん》監《かん》と呼ばれ、頼朝の眼代わりという立場で、頼朝から強大な権限を委譲されているという新しい軍団を形成していた。

尾張の墨俣《すのまた》川（長良《ながら》川）で御家人と悶着《もんちゃく》を起こして頼朝の怒りを買っていた範頼は、鎌倉に帰って詫《わ》びを入れて平氏追討の態勢を整え直し、八月に千葉常胤や小山朝政《おやまともまさ》の一〇〇〇騎を従えて西に向かった。すでに安徳天皇の異母弟の後鳥羽《ごとば》天皇が践祚《せんそ》していたが、頼朝は範頼に三種の神器と安徳天皇の奪還を最優先課題として命じた。

遠征した東国武士たちに厭戦《えんせん》気分が高まって戦線は膠着《こうちゃく》した。ここで頼朝が義経を前線に向かわせたことで、戦局は大きく動いた。文治元年（一一八五）二月、義経は阿波《あわ》から

「源平壇浦大合戦図」（国芳・画）

讃岐の国境を越えて屋島を奇襲したことで、平氏は海上に逃れた。九州に上陸していた範頼軍と連携し、三月二十四日には長門《ながと》国壇ノ浦《だんのうら》の合戦で平氏を滅亡させた。だが安徳天皇は按察使局《あぜちのつぼね》に抱かれて海底に沈み、三種の神器の一つ、宝剣も海中に没していた。

平宗盛・清宗《きよむね》親子は捕らえられ、義経が鎌倉に護送した。

義経追放

平氏追討軍を送るにあたって、頼朝は御家人たちに「恩賞はまとめて申請するので、勝手にもらわぬよう」と釘を刺していた。

頼朝は姻戚の者や源氏の血をひく数人を朝廷に推挙し、範頼に三河守、頼朝の姉婿一条能保《いちじょうよしやす》に讃岐《さぬき》守、甲斐源氏の平賀義信《ひらがよしのぶ》に武蔵守を与えられるようにしているが、京の治安維持に当たっていた義経は無視されていた。これに目を付けた後白河は、元暦元年（一一八四）八月から、義経に対し波状的に官位を与えて院内昇殿を許すまでになっていた。

頼朝はこのことを平氏の滅亡までは不問にしていたが、梶原

義経が弁明の腰越状を書いた満福寺

景時などから合戦での義経の専横が報じられると、怒りを義経に向けるようになった。

文治元年（一一八五）五月に、義経が敵将平宗盛らを連行して鎌倉に入ろうとするが許さず、京に追い返してしまう。義経は留め置かれた腰越の満福寺《まんぷくじ》で、頼朝に心情を綴《つづ》った手紙を書き、大江広元に託したとされる。それは〝腰越状《こしごえじょう》〟として、義経の切々たる心情が著されているというが、残された書状は当時の文言や様式とは異なるとされている。

だが、この直前に頼朝は義経に伊予守を推挙していたようで、京に帰った義経が伊予守に任じられるが、頼朝はこれを否定していないのである。

義経の行動は、頼朝が目指す、武士のことは武士が行なうという、東国武士の京都からの自治権獲得に反した。また、頼朝と御家人は〝御恩〟と〝奉公〟の関係で結ばれており、御家人に御恩を与えるのが頼朝でなければ、御家人は奉公を頼朝へ向けないようになる。

ところが東国の武士たちは、かつて中央で官位を持つ者に支配されていたため、中央の官位が羨望《せんぼう》のものであったのだ。義経に従って戦った後藤基清《もときよ》、梶原朝景《ともかげ》、梶原景高《かげたか》、平山季《すえ》重《しげ》、八田知家《はったともいえ》、小山朝政ら東国武士は、義経の失脚によって戦功を受ける機会を失っており、頼朝の許可なく朝廷から官位を受けてしまったのである。

そのため文治元年（一一八五）四月には、頼朝は彼ら二四人に、朝廷の官職に任じられた者は朝廷への奉公を優先させるべきと断じ、墨俣川以東の帰還を禁じたのである。朝廷から受けた官位は、頼朝が〝前右兵衛権佐《さきのうひょうえのごんのすけ》〟とされたように、烙印《らくいん》のようにその人物に生涯付いて回るもので、このことも頼朝の怒りを深くさせたようだ。

京に帰った義経は、叔父新宮行家と頼朝追討の兵を挙げたが、京周辺の武士たちは義経に与《くみ》しなかった。

頼朝は京の義経を誅《ちゅう》するため、文治元年（一一八五）十月に土佐坊昌俊《とさのぼうしょうしゅん》を京に差し向けた。昌俊は弟の三上《みかみ》弥六家季《やろくいえすえ》ら八三騎で向かったが、この暗殺計画は義経側に知られていて、義経は後白河に頼朝追討の宣旨を求めている。

昌俊は十月十七日に義経の六条堀川《ほりかわ》の屋敷を襲撃するものの、義経の反撃を受けて鞍馬山に逃げ込んだ。翌日に義経は頼朝追討の宣旨を受けて挙兵の準備をし、土佐

●渋谷金王丸

土佐坊昌俊は前名が渋谷《しぶや》重家の子の渋谷金王丸《こんのうまる》だったという説もある。渋谷金王丸は保元の乱と平治の乱では義朝に従って従軍し、義朝が長田忠致《おさだただむね》の館で襲われたとき、金王丸は血路を開いて脱出し、義朝の愛妾常盤《ときわ》に義朝の悲報を伝えたとされる。

その後は義朝の菩提を弔うために僧になったと思われるが、頼朝の挙兵後に土肥実平の仲介で御家人になったとされる。土佐坊昌俊の屋敷は鶴岡八幡宮近くにあることから、頼朝から軽く扱われる人物ではなかったのだろう。

土佐坊昌俊屋敷跡

坊昌俊は義経の郎党に捕らえられ梟首《きょうしゅ》されている。

頼朝が義経追討に向けて鎌倉を発進すると、義経は摂津国大物浦《だいもつのうら》から船で九州の緒方《おがた》氏を頼るべく向かった。だが、船は暴風によって押し返されたのである。

後白河は頼朝が追討の院宣に怒り、大軍を擁して京に向かったと知ると、それを怖れて義経の官職を剝奪し、逆に義経追捕の院宣を出したのである。義経主従と愛人で白拍子《しらびょうし》の静《しずか》は吉野《よしの》に潜伏したが、ここも追討を受けて静は捕らえられ、義経は奥州の藤原秀衡《ひでひら》を頼って北陸道を向かった。

頼朝は黄瀬川《きせ》で義経軍崩壊を知って鎌倉に引き返したが、北条時政を京に派遣して、頼朝追討の院宣を出した後白河を糾弾させた。後白河は頼朝に、宣旨は院の真意ではないと陳弁するが、頼朝は、「諸

堀川館を襲われた義経（国芳・画）

国の人びとを混乱に陥れるあなたこそ、日本一の大天狗にほかならない」と厳しく詰め寄る返事を送っている。

交渉の結果、文治元年（一一八五）十一月二十八日には、義経の捜索を名目にして、頼朝に諸国への守護と地頭職の設置・任免を許可する勅許《ちょっきょ》が与えられ、反別五升の兵糧米の徴収を認めた。だが、頼朝は挙兵当初から敵対した者の所領を没収して、功績のある武士に与えており、正式に朝廷から許可されたことで、頼朝と御家人の主従関係が公的に確立したことになる。

義仲や義経など、それまで京の都に入った武士には、弓矢を用いるばかりが戦いではなく、口舌や文書で戦わなければならないことがわかっていなかった。頼朝は鎌倉に政権を置き、京と一線を画してその距離を縮めようとはしなかった。富士川の戦い後に、そのまま京に進軍していたら、政治的な策謀に翻弄されて幕府は成立していなかったかもしれない。

頼朝は義経の居場所を聞こうと、義経の愛人の静を鎌倉に呼び、文治二年（一一八六）四月八日には、政子とともに八幡宮

●囚われの静

義経と別れて囚われの身となった静のところに、工藤祐経、梶原景茂、千葉常秀、八田朝重、藤原邦通が酒を持参して訪れた。静の母の磯禅師《いそのぜんじ》は、妊婦である娘の心身を気遣い、代わって芸を披露しているが、酔った梶原景茂は静を口説いて泣かせたという。

廻廊（拝殿）で静の舞を見物した。工藤祐経《くどうすけつね》が鼓《つづみ》を打ち、畠山重忠が銅拍子《どうびょうし》を担当し、白拍子姿の静が「吉野山　みねのしら雪ふみ分けて　いりにし人の　あとぞ恋しき」「しづやしづ　しづのをだまきくり返し　昔を今になすよしもがな」と『古今和歌集』や『伊勢物語』にある和歌をアレンジして、義経を恋する気持ちを吟じて舞った。

これには皆感動したが、頼朝は反逆者の義経を慕う歌を神前で歌ったとして怒った。この時に政子は、頼朝に自分たちの恋愛時代の話をし、「私は君を慕い、暗夜に迷い、深雨をしのいで君のところへいったのです。それは今の静の心と同じです」と説得している。

だが静は、義経の子を懐妊しており、その子が女子であれば静に与えられるが、男子であれば由比ヶ浜に棄てさせるとされ、四カ月ほど後に生まれた子は男の子で

静の舞を見物する御家人たち

あった。

義経が奥州平泉に達した間もなくの、文治三年（一一八七）十月に藤原秀衡《ひでひら》が死亡した。頼朝は義経の所在を摑《つか》み、朝廷から秀衡の跡を継いだ泰衡《やすひら》に対して義経追討令を出させた。

泰衡は当初こそ義経追討を拒んでいたが、頼朝が大規模な動員令を発したため、文治五年（一一八九）閏四月に義経を襲って殺害し、その首を鎌倉に送って頼朝に武装解除を申し入れ、御家人になることを望んだ。だが、七月十九日に頼朝は自らも軍を率いて出兵を強行する。

国境での防衛戦に敗れた泰衡は、平泉の自邸に立ち寄ることもできず「館に火をかけよ」と命じて逃走した。平泉館などは灰燼に帰したが、頼朝軍は二十二日には平泉を占領し、平泉の文化財の一部を灰燼から救った。残った倉庫に積み上げられた象牙《ぞうげ》の笛や金造りの鶴などの莫大な財宝や舶来品に、頼朝主従は目を奪われたという。

頼朝は、泰衡が郎党の河田次郎《かわだじろう》の裏切りによって殺害された後も軍を北上させ、先祖の源頼義が戦った前九年の役での所縁《ゆかり》のある厨川柵《くりやがわのさく》にいたっている。

平氏追討にも動かなかった頼朝だが、自ら軍を率いて奥州に向かったのは、前九年の役の再現を演出することで、関東の御家人たちに頼義以来の主従関係を再確認させ、また、源氏諸流に対しては頼朝が清和源氏の頼義直系であることを誇示するためで、鎌倉での新政権統制や展開に利用する目的があったようだ。

頼朝は十月二十四日、鎌倉に凱旋した。

征夷大将軍

建久元年（一一九〇）十月、頼朝は後白河の強い要望により、伊豆に配流されて以来三〇年ぶりに上洛した。頼朝は後白河と長時間会談して、東国の武士に馴染《なじ》みのある鎮守府将《ちんじゅふしょう》軍《ぐん》など「大将軍」という号を望み、征夷大将軍に任じられることを希望している。

頼朝は頼義の武功を御家人たちに再認識させ、武家の統領である「鎌倉殿」として君臨するためには、頼義も任じられた鎮守府将軍が適任なのである。だが、鎮守府将軍は秀郷流藤原氏も良文流平氏も任じられており、奥州藤原氏は実質的な鎮守府将軍として君臨していたため、それを超える征夷大将軍に捕任されることを望んだようだ。

頼朝は前年に正二位に叙されていたが、後白河は頼朝を京に留め置けばいずれ籠絡《ろうらく》できるとしたようで、現任の右近衛《うこのえ》大将を退《しりぞ》けて朝廷の公事に参加する義務がある権大納言《ごんだいなごん》兼右近衛大将を頼朝に与えた。

だが、頼朝は京の滞在一カ月ほどで、東国での独立政権に不向きな権大納言兼右大将を辞任して鎌倉に帰った。しかし頼朝は、前《さきの》右近衛大将という経歴を利用し、鎌倉に前右大将家政所《まんどころ》を開設した。

政所別当に大江広元、令《れい》に主計允《かずえのすけ》二階堂行政《にかいどうゆきまさ》、案主《あんじゅ》に藤井俊長《ふじいとしなが》、知家事《ちけじ》に中原光家《なかはらみついえ》を任じ、問注所執事に三善善信《みよしよしのぶ》、侍所別当に和田義盛《わだよしもり》、侍所所司に梶原景時《かじわらかげとき》、公事《くじ》奉行人に藤原親能《ふじわらちかよし》他六名、京都守護に外戚の公卿一条能保《いちじょうよしやす》、鎮西《ちんぜい》奉行人に内舎人《うちとねり》天野遠景《あまのとおかげ》を任じ、鎌

富士の巻狩図

倉幕府の陣容を固めた。

建久三年（一一九二）三月に後白河法皇が崩御すると、朝廷は七月に頼朝を征夷大将軍に任じ、鎌倉に知らされた。頼朝は念願の征夷大将軍を得て、八月五日に征夷大将軍の政所始《はじめ》を行なっている。

征夷大将軍になった頼朝は、建久四年（一一九三）には信濃三原《みはら》、下野那須野《なすの》、駿河富士野《ふじの》で多くの御家人を率いて大規模な巻狩《まきがり》を挙行した。これは現地の人々に頼朝の支配下になったことを知らせる示威行為であった。

この富士野での巻狩が行なわれた五月二十日の深夜、曾我《そが》十郎祐成《じゅうろうすけなり》と五郎時致《ごろうときむね》の兄弟は、父河津祐泰《かわづすけやす》の仇《かたき》である工藤祐経を襲って討ち取った。曾我兄弟の仇討ちである。兄弟は伊東祐親の孫で、母の再婚によって曾我祐信《すけのぶ》の養子になっていたが、御家人に列せられることもなく、北条時政の庇護を受けていたようで、時政は時致の烏帽子親にもなっている。

兄弟は頼朝の寝所に迫って、兄の十郎は仁田忠常《にったのただつね》に討たれ、

曾我兄弟の仇討ちの図（国芳・画）

弟の五郎は御所五郎丸《ごしょのごろうまる》に絡《から》め取られている。翌日、頼朝は五郎に仔細を尋ね、感銘して助命しようとしたが、祐経の子犬坊丸《いぬぼうまる》の愁訴《しゅうそ》によって断罪に処した。

その後、頼朝の弟範頼が失脚して成敗され、常陸の八田知家が多気義幹《たけよしもと》を謀反で訴え、頼朝の挙兵以来めざましく活躍した大庭景能と岡崎義実が出家するなど、不自然な動きが続発していた。曾我兄弟の仇討ちの裏には、幕府内に伊豆武士団と相模武士団の権力争いがあったようで、クーデターなどの大事件が起こっていたことを暗示しているが、その黒幕の張本人は不明のまま事件の幕は引かれている。

鎌倉時代の歴史書『吾妻鏡《あづまかがみ》』は、北条氏側からの記述であることは知られているが、曾我兄弟の仇討ち後の建久七年（一一九六）から正治《しょうじ》元年（一一九九）正月までの記述が欠けており、この間に何か重大な事実が隠されているのではと疑わせるのである。

頼朝の温情

頼朝は異母弟の範頼や義経、義仲の子義高《よしたか》を殺害し、猜疑心《さいぎしん》の強い人物とも思えるが、同様のことは足利将軍家も織田信長も豊臣秀吉、徳川将軍家もやっており、天下人の宿命なのかもしれない。

頼朝は敵対した者を容赦なく斬罪にしているが、ある面では温情も見せているのである。

山内首藤経俊は、頼朝の乳母山内尼の子で、頼朝と乳兄弟であった。頼朝は挙兵するにあたって安達盛長を派遣して加勢を求めたが、暴言を吐いて拒否し、石橋山の戦では頼朝に向けて矢を放っていた。

治承四年（一一八〇）十月には捕らえられ、山内荘を没収されて身柄は土肥実平に預けられていた。十一月二十六日に山内尼が頼朝のもとに訪れ、父祖以来源氏に仕えたことを涙ながらに訴え、経俊の助命を嘆願している。

この時に頼朝は、鎧《よろい》の袖《そで》に刺さった矢に経俊の名が書かれているのを見せると、尼は無言で引き下がっていった。だが頼朝は経俊を許し、伊勢・伊賀の守護に用いているのである。

また、波多野氏の分家河村義秀《かわむらよしひで》は、大庭景親とともに頼朝軍に捕らえられ、領地も没収された。頼朝は大庭景能に斬罪を命じていたが、景能は密かに河村義秀を匿《かくま》っていた。

鶴岡八幡宮の放生会後に、御家人から選ばれた者が流鏑馬などの弓馬の芸を奉納するが、欠員が出たので景能は河村義秀を推薦した。頼朝は景能が斬罪にしていなかったことに驚いたが、神事の場であり義秀を呼ばせて、失敗すれば今度こそ斬罪と申し渡した。義秀は見事な射芸を披露したので頼朝も機嫌を直し、罪を許したのである。

ところが一カ月もしないうちに景能が頼朝の前に現れて「あの河村義秀を梟首いたしましょうか」と聞いたので、頼朝は「言っている意味が分からぬが……」と返答した。そうすると景能は、「今までは景能が義秀を助成したので生きていられましたが、罪を許されたので義秀は餓死しそうです。いっそ誅《ちゅう》してやったほうが彼の喜びでしょう」と言ったので、頼朝は大笑いして義秀に本領の河村郷を与えたという。

頼朝の死

建久六年（一一九五）三月に、頼朝は政子や子どもたちを連れて上洛した。後白河の後宮の実力者である高階栄子《たかしなえいこ》（丹後局《たんごのつぼね》）と会談して、長女大姫を後鳥羽天皇に入内《じゅだい》させる交渉を行なったとされる。だが、間もなく大姫が病没してしまった。その後に頼朝は次女三幡《さんまん》の入内を画策している。

この時に平重衡に焼かれた東大寺大仏殿の再建がなり、資金を出した頼朝は落慶供養に招かれた。当日は大雨であったが、頼朝を取り巻いた御家人たちが、雨に濡れていることをまった

大姫を祀る岩船地蔵堂

く気にしていないのを見て貴族や僧侶は驚愕《きょうがく》したという。
自分たちと異質な権力が、頼朝を中心にして築かれていることを知ったのだった。

この帰途に、遠江国橋本、駿河国黄瀬川で守護や在庁官人を集めて国政を聴断《ちょうだん》した。頼朝がこれらの地域の支配者であることを示し、京とは別の東国を基盤とした権力を自覚させたのであるが、機会があるごとに支配者を確認させねばならない時代でもあったのである。

建久九年（一一九八）十二月、御家人の稲毛重成《いなげしげなり》が亡妻の供養に独力で相模川に橋を架け、その落成供養に頼朝は御家人たちとともに臨んで、渡り初《ぞ》めをした。頼朝は、その帰途に体調を崩し、脳溢血《のういっけつ》で馬上に倒れたとも、落馬したともされているが、帰り着いた鎌倉で、正治《しょうじ》元年（一一九九）正月十三日に没した。

頼朝の死は幕府に大きな痛手を与え、御家人間の対立と抗争が激しくなっていくのである。

頼朝の墓は勝長寿院に安置された石塔をこの地に移したものである

頼朝の遺骸は法華堂の下に埋められたという。現在は白旗神社

頼家の時代

頼朝の跡を継いだのは、一八歳の嫡男の頼家である。

頼家（万寿《まんじゅ》）は周囲の祝福を一身に受けて誕生し、頼朝は居並ぶ御家人たちに「この子の将来を守護せよ」といって、順次赤子の万寿を抱かせたという。

建久四年（一一九三）五月の富士の巻狩で、一二歳の頼家が鹿を射止め、喜んだ頼朝が鎌倉の政子に使者を送った。頼朝は頼家が鹿を射止めたことで、神が頼朝の後継者に選んだと効果的に利用したが、政子は武将の子なら当然のことと使者を追い返し、頼朝の深謀《しんぼう》を理解できなかったのである。建久六年（一一九五）に、頼朝が家族をともなって上洛したときには、頼家も参内し頼朝の後継者として披露されている。

頼朝の死により四三歳の政子は出家したが、静かに夫の菩提を弔う後半生は許されず、尼御台《あまみだい》と呼ばれて鎌倉幕府に関わっていった。頼朝の後継者頼家の下には、一五歳の次女三幡と八歳の次男千幡《せんまん》（実朝《さねとも》）がいた。

二代将軍頼家の肖像

頼朝の流人時代を支えた比企尼は、甥を猶子《ゆうし》にして比企能員《よしかず》を名乗らせ、現在の妙本寺《みょうほんじ》の場所に居館を構えさせていた。比企尼を慕う頼朝は、政子とともにたびたび尼の館を訪れ、政子が頼家を生む産所にしたのも比企館であった。比企尼の娘は、安達盛長、伊東祐清、河越重頼、平賀義信らの妻となっており、彼女たちは頼家の乳母となっている。

頼家は比企一族に取り込まれて育ち、頼家が成人すると比企能員の娘の若狭局《わかさのつぼね》との間に一幡《いちまん》が生まれている。

頼朝は二〇年の流人生活で苦労を積み、裸の状態から東国の政権を立ち上げたことで、武士たちにこっそりと「お前だけが頼りだ（ひとえに汝を恃《たの》む）」と言うほどに気遣っていた。だが、頼家は苦労知らずに育ち、御家人たちに気遣うこともせず、頼朝の死後には大江広元の補佐を受けて政務を行なっていた。頼家に近侍《きんじ》する大江広元や梶原景時らへの有力御家人の反発もあった。その上に訴訟では頼家が、頼朝の旗揚げに駆けつけた御家人に特別の便宜を図るなどの慣習を無視し、独断的な裁定を下していた。そのため、頼朝の死から四カ月後の正治元年（一一九九）四月十二日には、頼家は直接に訴訟を裁断することを禁じられた。

幕府の政務は、大江広元、三善康信、中原親能、二階堂行政、梶原景時、足立遠元、安達盛長、八田知家、比企能員、北条時政、北条泰時、三浦義澄、和田義盛の一三人の合議によって決定される集団指導体制が取られるようになったので、頼家側近を政務から遠ざけた。

正治元年（一一九九）八月、流人時代の頼朝を支えた安達盛長の子の景盛《かげもり》は、愛妾にうつつを抜かして三河守の職務が怠慢になり、頼家に愛妾を奪われて誅殺されるところを政子に救われている。景盛の娘は北条時氏《ときうじ》の妻となって、後の四代執権北条経時《つねとき》と五代執権北条時《とき》頼《より》の母となるように、北条氏と繋がりが深かった。

建仁《けんにん》二年（一二〇二）七月、頼家は従二位に叙され、征夷大将軍を宣下された。

梶原氏滅亡

頼朝が鎌倉に入り、敵対した大庭景親などは処刑されたが、梶原景時は土肥実平を訪ねて、頼朝の側近となっていた。

頼朝の急死後に頼家が家督を継いだが、幕府宿老《しゅくろう》による合議制により頼家の将軍独裁は抑えられた。頼家が一の郎党と頼みにする、乳母夫の一人である景時も宿老の一人である。

正治元年（一一九九）十月、頼朝が烏帽子親をし、一四歳から頼朝に仕えてきた結城朝光《ゆうきともみつ》（小山宗朝《むねとも》）が、侍所で頼朝への思慕から、「忠臣は二君に仕えずと聞くが、自分は頼朝様から厚恩を蒙《こうむ》り、御遺言もあって出家も遁世《とんせい》もしなかったので後悔して……」と嘆いたので、聞いた人は貰い泣きした。

ところが、梶原景時が「忠臣は二君に仕えず」の一言を取り上げて、朝光が謀反を計画していると頼家に讒訴《ざんそ》していた。それを政子の妹で将軍の近くで女官を務める阿波局《あわのつぼね》が聞いており、朝光に気を付けるようにと伝えた。

驚いた朝光が三浦義澄の子義村《よしむら》に相談すると、義村は和田義盛や安達盛長などの御家人たちに呼びかけた。結城朝光救済の御家人六六人が鶴岡八幡宮に集まり、景時糾弾の連判状を大江広元に提出した。だが、この弾劾《だんがい》状に北条時政・義時の名は見られない。

広元は景時の官僚としての才腕を惜しんで、連判状を手許に留め置いたが、和田義盛に強く迫られてやむなく将軍頼家に言上した。将軍は景時に弁明を求めたが、景時は抗弁をせず所領の相模国一宮に引き下がった。

景時は、天台宗の僧侶慈円《じえん》が著した『愚管抄《ぐかんしょう》』に〝鎌倉

十二所の梶原屋敷跡に残る梶原の井

●平三景時の子が源太景季？

鎌倉権五郎の子孫である梶原景時は、平氏の三男として平三景時と名乗っているが、嫡男の景季は源氏の太郎である源太景季と名乗っている。氏《うじ》を平氏から源氏に乗り換えた形だが、武士が主人の氏を名乗るのはよくあるようで、頼朝に心酔する景時らしい意思表示と思われる。

ノ本躰《ほんたい》ノ武士〟と評価されていたが、讒言癖があり、頼朝時代にも景時が訴えた者が潔白を証明したので、償《つぐな》いに道普請《みちぶしん》を命じられたこともあった。だが、将軍権威には忠実で、組織の維持にはそうすべきとしていたようで、頼家が御家人たちに押し切られたことを、歯がゆく思っていたのかもしれない。

頼家は景時を守りきれず、景時に鎌倉追放を申し渡した。景時の鎌倉の邸は三浦義村と和田義盛により取り壊された。

頼朝の死から一年後の正治二年（一二〇〇）正月二十日、景時は一族を引き連れて京へ向かったので討手が差し向けられた。景時ら一行は道中の駿河国清見関《きよみがせき》（静岡市清水区）近くで吉香友兼《きっこうともかね》ら在地武士たちに怪しまれて合戦となり、宇治川で佐々木高綱と先陣争いをした嫡子の源太景季をはじめ、景時の一族三三名は討死した。

景時の一行が襲撃を受けた駿河国の守護は北条時政であり、景時糾弾の火を付けた阿波局は時政の娘で、頼家の弟千幡（実朝）の乳母であった。景時追放は、その後に続く北条氏による有力御家人排除のはじめとなった。

だが、頼家側も反撃に出て、阿波局の夫の阿野全成《あののぜんじょう》を謀反の疑いで捕らえ、常陸に配流して殺害した。阿波局も同罪として頼家が身柄の引き渡しを迫ったが、政子が身体を張って庇《かば》ったので難を逃れている。

ちなみに、梶原一族を討伐した吉香友兼は重傷を負って死亡するが、子孫は安芸に流れて吉川《きつかわ》氏となって毛利《もうり》氏の片翼となる。また、毛利氏は大江広元の子孫である。

比企氏滅亡

梶原景時亡き後、頼家を支えるのは舅《しゅうと》の比企能員《ひきよしかず》である。

建仁三年（一二〇三）三月頃から、頼家は不摂生な生活もあって体調不良になり、八月末には危篤状態に陥った。そのために幕府では家督相続の措置がとられ、関西三八カ国の地頭職は頼家の弟の千幡に、関東二八カ国の地頭職と諸国惣守護職は頼家の六歳の子一幡に継承された。この分割統治に比企能員は怒り、千幡とそれを取り巻く北条氏を排除しようとした。

九月二日、比企能員は北条時政討伐を訴え、頼家はそれを承諾したが、このことを政子が知って父の時政に知らせている。一方の時政は、大江広元に比企氏討伐を了承させ、仏像供養をするとして能員を自邸に招いた。

比企氏と北条氏の険悪な関係は鎌倉市中では誰もが知っており、一族たちは時政邸に赴く能員を引き留めたが、能員は平服で時政邸を訪れたのである。能員が時政邸に入ったとたんに、時政側近の天野連景《あまのつらかげ》と仁田忠常《にたのただつね》によって討ち取られ、危急を知った比企一族は一幡の小御所に立て籠もった。

政子が比企一族の謀反として御家人たちに討伐の命令を下すと、北条義時を大将にした軍勢が比企ヶ谷《ひきがやつ》に押し寄せた。比企一族の必死の抵抗で寄手にも多くの被害を出したが、畠山重忠が郎党たちを励まして攻め立てると、力尽きた比企一族は館に火を放ち、比企一族も一幡も炎の中で死亡した。

ところが、頼家は五日になって危篤を脱し、病状が若干回復したのである。嫡男一幡と比企一族が滅ぼされたと知って激昂し、比企能員を殺害した張本人の仁田忠常と侍所別当の和田義盛に時政追討の御教書を下した。

比企一族の屋敷跡は妙本寺になっている

だが、義盛は御教書を時政に届けさせていた。政子や時政は朝廷に対して、将軍頼家が九月一日に病死したので、跡を継いだ弟の千幡《せんまん》に征夷大将軍を任命されたいという要請を、九月七日に出したのである。この日に頼家は、政子から出家を命じられ、将軍の座から引きずり下ろされた。

九月十五日には、一二歳の千幡に征夷大将軍が宣下された。二十一日の時政と大江広元の協議で、頼家の鎌倉追放が決定し、頼家は伊豆の修禅寺《すぜんじ》に幽閉された。

元久元年（一二〇四）七月十八日、修禅寺の頼家は北条氏が放った刺客によって殺害される。まだ二三歳の若さだった。

征夷大将軍になった千幡は、十月八日に遠江で元服し実朝《さねとも》を名乗った。

政子は頼朝が征夷大将軍になった直後の、建久三年（一一九二）八月に、次男千幡を生んだが、そのときに父時政の名越《なごえ》屋敷を産所としており、妹たちを乳母としていた。

妙本寺の比企一族の墓

その妹の一人が幕府の女官の阿波局で、夫の阿野全成は、駿河の阿野荘を所領としており、千幡にかかりきりになって養育するなどしていた。北条氏は一族をあげて千幡に肩入れしていた。

将軍になった実朝は政子の手許を離れ、外祖父で後見役の北条時政の屋敷に移った。時政はすでに幕府組織の中核である政所の別当となっており、若い将軍実朝の代弁者として執権《しっけん》となった。

畠山氏滅亡

武蔵国は相模国とともに幕府にとって主要地域であるため、頼朝の縁者によって固められていた。武蔵国司の平賀義信《ひらがよしのぶ》も、武蔵の大勢力の秩父党の河越重頼《かわごえしげより》も、頼朝が信頼する比企尼の娘婿であり、武蔵国郡司は比企能員であった。

秩父党の重鎮河越重頼は、娘が源義経の正妻であったために役職を退き、秩父党は畠山重忠が統括するようになっていた。比企の乱を引き起こして比企一族を滅亡させた時政は、比企氏の遺領を勢力下にしたが、本格的に武蔵に進出するには畠山重忠が邪魔な存在であった。

また、平賀義信の子朝雅《ともまさ》は、北条時政の後妻である牧《まき》の方《かた》の娘婿で、父の死後は武蔵国司を継いでいた。だが、朝雅は三代将軍に実朝が擁立された直後に、鎌倉幕府の政変に乗じて京に謀反の機運が起こらぬよう、京都守護として都に派遣されていた。

間もなく御家人たちが、将軍実朝の妻になる坊門信清《ぼうもんのぶきよ》の娘信子を迎えるため上洛した。平賀朝雅は元久《げんきゅう》元年(一二〇四)十一月に、邸で上洛した御家人たちを歓迎する酒宴を催したが、そのときに朝雅と畠山重忠の嫡子重保《しげやす》が激しく口論していた。

そのことを根に持っていた朝雅は、元久二年（一二〇五）六月になって牧の方に重保を讒《ざん》訴《そ》し、牧の方は畠山重忠父子に叛意があると時政に訴えたのである。時政は娘婿である重忠討伐を、子の義時に相談するが、義時は重忠の忠勤を上げて討伐に反対した。だが、平賀一族の執拗さに押し切られ、義時は最終的に重忠の討伐に同意した。

六月二十二日早朝、軍兵が由比ヶ浜に走った。京から帰っていた重保は、事情が分からぬままに由比ヶ浜に駆けつけると、時政の意を受けた三浦義村らに取り囲まれ、自分が謀反人にされたと気付いた。重保は理由の分からぬまま奮戦したが、討ち取られてしまった。

一方、重保の父重忠は、鎌倉に騒動があるとの知らせを受け、一族と郎党一三四騎を率いて鎌倉に向かった。二十二日の午後には二俣川《ふたまたがわ》にさしかかると、ここには時政の命を受けた義時ら鎌倉中の御家人が兵を率い、大軍で待ち構えていたのである。

重忠はこの時に重保が討たれたことを知り、大軍を迎え撃つことを決断した。重忠が寡勢《かせい》を指揮して奮戦したので戦いは四時間にもおよんだが、重忠は弓の名人愛甲季隆《あいこうすえたか》の放った矢を受け、四四歳の生涯を閉じたのである。

義時は翌日の午後に鎌倉に引き上げ、時政に対して小勢の重忠に謀反の疑いなどなかったことをなじっている。だが、時政は三浦義村に命じて、さらに重忠と同族の稲毛重成《いなげしげなり》親子と重成の弟の榛谷重朝《はんがやしげとも》親子を討伐させたのである。秩父一族で残った江戸重長《えどしげなが》は、江戸前浜（現在の東京駅付近）を北条氏に譲渡したことで家系を長らえている。

尼御台《あまみだい》政子

畠山重忠が討たれた翌七月、牧の方は時政と共

畠山重保の墓。3メートルを超える大型の宝篋印塔で、基礎部分に明徳四年（1393）の銘が刻まれている

謀して源実朝を殺害し、義光流の源氏である娘婿の平賀朝雅を将軍にして幕政を掌握しようと画策した。実朝の乳母の阿波局は、父時政の館に居住する実朝にしたがっており、牧の方のうさん臭い態度を嗅ぎ分けて姉の政子に伝えていた。

政子と義時の姉弟は、これまでも時政と牧の方のあまりにも強引な手段に反感を持っていたが、実朝を殺害しようとする企《たくら》みを知り、二人は協力しあって実朝を時政の館から救出する。

時政は御家人に命じて兵を召集したが、ところが御家人たちは義時の屋敷に集結した。権謀をめぐらせてライバルたちを葬ってきた時政だったが、実子の政子と義時によって牧の方とともに出家させられ、二人は伊豆に幽閉されたのである。

平賀朝雅も処罰され、朝雅の妻だった牧の方の娘は、後に京の公家に嫁いだ。牧の方は時政の死後に、その娘の世話になり派手な生活をして過ごしている。

この時点での北条氏は、さほど大きな勢力に成長していたわけではないため、有力な御家人の協力なくして事件を解決することは不可能だった。そして、頼朝の未亡人である尼御台《あまみだい》の政子の発言は御家人間で重く用いられるため、これまで時政は御家人たちを加担させるために政子を利用していたのである。

一方の政子は、子の頼家の殺害に加担したことを後悔したようである。頼家と足助重長《あすけしげなが》の娘（母は源為朝の娘）との間に生まれた男子善哉《ぜんざい》が、若宮の別当坊で僧としての修行をしているのを、罪滅ぼしをするように引き取りとった。そして七歳の袴着《はかまぎ》の儀式を盛大に行なうなど無性に可愛がった。さらに政子は善哉を実朝の猶子《ゆうし》とし、善哉が一二歳の時に鶴岡八幡宮別当から公暁《くぎょう》の法名を受けさせ、三井寺で修行をさせた。だが公暁が一八歳になると呼び戻し、鶴岡八幡宮の別当に就任させたのだが、これが新たな波乱の火種になるのである。

実朝の時代

北条義時は、頼朝が旗揚げした時には一八歳くらいで、以後は義兄である頼朝のそば近くに仕え、後に頼朝から一番の家の子（血縁のある家来）とされている。

義時は父時政の強烈な個性の陰に隠れて、目立つような実績を見せていなかった。だが若い実朝を後見するようになると、幕府政治の安定をめざして幕府中枢への権力集中を狙い、豪族たちの力を削ごうとした。

父の時政が謀略を用いて政敵の梶原一族、比企一族、畠山一族を次々と滅亡させたが、これらの豪族が健在なら、必ず義時のライバルになっており、その面では幸いであった。だが、義時も父に劣らぬ権謀をめぐらす男になっていった。

義時が父時政を伊豆に幽閉させて間もなくの元久二年（一二〇五）八月、義時の義弟である下野の豪族宇都宮頼綱《うつのみやよりつな》に謀反の企みがあるという報告があった。義時は下野最大の豪族小山朝政に宇都宮頼綱の討伐を命じたが、朝政は頼綱とは親戚として仲良くしているという理由で拒絶した。

義時は下野の豪族同士を戦わせ、共倒れになればと計算したようだが、小山朝政は宇都宮頼綱を出家させ、その髻《まげ》と誓詞《せいし》を義時に提出させたことで事件を落着させた。

承元《じょうげん》三年（一二〇九）十一月、義時は職務怠慢な諸国守護人の終身在職を改めて、守護の定期交替制を導入しようとした。だが、下野の小山氏、下総の千葉氏、相模の三浦氏らの大豪族たちは、頼朝の挙兵以前からその地に蟠踞《ばんきょ》しており、結果として父祖代々の地を放棄させることになる新制度に猛反対した。

義時に豪族を抑える力はまだなく、守護の定期交替制を断念せざるを得なかったが、鎌倉へ直ちに兵を送ることができる地の利を持つ三浦一族を、当面の仮想敵とした。

三代将軍実朝の肖像

実朝は毎年のように位階を上昇されていき、和歌を好んだことから朝廷重視の軟弱な将軍という印象がある。だが、実際の実朝は、義時が幕府内部の権力拡大を図って、伊豆以来頼朝に奉仕してきた北条氏の家臣（後の得宗被官《とくそうひかん》＝「御内人《みうちびと》」）を御家人に推薦したが、これを拒絶している。また、後鳥羽上皇が備後国《びんごのくに》太田荘《おおたのしょう》の地頭解任を要求したが、実朝は地頭は問題がないかぎり解任する理由がないと拒否するなど、幕府の主である自覚を持ち、将軍として振る舞っていたのである。

だが実朝は、歌を詠むことで罪を許すという、懐の深さを持つ将軍でもあった。和田《わだ》合戦の原因になる、泉親平《いずみちかひら》の謀反事件の一味とされた渋川刑部《しぶかわのぎょうぶ》兼守《かねもり》は、捕らえられて安達景盛《あだちかげもり》邸に預かりの身になっていた。明日には処刑されると聞いた兼守は、悲嘆して十首の歌を詠み荏柄《えがら》天神社に奉納した。

たまたま前夜から天神社に参籠していた工藤祐高《くどうすけたか》が、兼守の奉納した歌十首を受け取って幕府御所に差し出した。将軍実朝はこの歌を見て感動し、直ちに兼守の罪を許したのである。

兼守はこの恩赦に感謝し、実朝の恩に報いるた

金沢街道の二階堂川岸に
歌の橋の碑はある

めに二階堂川に長さ三間（一間＝約一八二センチ）の橋を架けたので、この橋を〝歌の橋〟と呼ぶようになったという。

和田合戦

本来は清和源氏の門葉のみが国司に任じられていたが、北条時政だけは政子の計らいで遠江守に任官されていた。承元三年（一二〇九）に和田義盛は、老年になったので積年のご奉公に免じてと上総国司を望んだが、尼御台政子によって拒否されている。

宇都宮頼綱の謀反騒動から、鎌倉幕府の内部はしばらくは小康状態を得ていたが、反北条の勢力が侍所別当の和田義盛を中心に結集されようとしていた。

『吾妻鏡』によると、建保《けんぽう》元年（一二一三）二月に、千葉介成胤《しげたね》が怪しげな法師を捕らえた。大江広元、二階堂行村《にかいどうゆきむら》がこの法師を取調べたところ、信濃国の泉親平なる者が、源頼家の遺児栄実《えいじつ》（千寿《せんじゅ》）を奉じて、執権北条義時を討とうという陰謀が発覚した。これは一昨年よりの計画で、同調する御家人などが三〇〇人を超える大規模なものだったのである。

泰時により逮捕された首謀者の中に、和田義盛の子義直《よしなお》と義重《よししげ》、甥の胤長《たねなが》が含まれていた。この時、義盛は所領の上総伊北荘《いほくのしょう》（現・大多喜町《おおたき》）に行っており、急を聞き驚いて鎌倉に帰った。義盛は実朝に直談判し、自分の多年の功績に免じて義直と義重の赦免を得た。義盛は翌日にも和田一族を率いて御所南庭に参上し、今度は胤長の赦免を嘆願したが、大江広元が胤長は張本人のため許すことはできないと申し渡した。

義時は、いずれ和田義盛との対決は避けられないと決意しており、御所に参上した和田一族の前に縛った胤長を引き立て、二階堂行村に預けるという挑発をした。

胤長は陸奥国岩瀬《いわせ》に流罪となり、胤長の荏柄天神前の屋敷は没収された。罪人の屋敷は一族に下げ渡されるのが慣例であったため、義盛はこれを実朝に訴えている。

実朝がこれを認めたため、義盛は代官を胤長の屋敷に置いて管理させたが、義時は泉親平の乱平定に功績のあった者に胤長の屋敷を下げ渡し、義盛の代官を追い出してしまう。ここで義盛は挙兵を決意し、本家の三浦義澄の子義村《よしむら》や義盛の妻の実家である武蔵の横山《よこやま》党、相模の土屋、山内、渋谷らを一味同心《いちみどうしん》として戦備を急いだ。

鎌倉市中は義盛挙兵の噂で騒然となり、事態を憂慮した実朝が義盛に使者を出したところ、義盛は、「御所に恨みはござらぬ。義時の傍若無人《ぼうじゃくぶじん》の行ないを問いたださんがため用意しております」と答えたという。

五月二日、義盛の隣家の筑後朝重《ちくごともしげ》が、義盛の館に兵が集合していると大江広元に通報し、大江広元が急いで御所に参上すると、義盛と一味のはずの三浦義村から義時に、義盛挙兵を知らせてきたのである。

義時は尼御台と実朝の御台を鶴岡八幡宮に移し、大倉御所の警護に重点を置いた。義盛の準備は十分ではないが、午後四時頃に兵を動かした。一五〇騎の手勢を三手に分け、大倉御所、義時邸、広元邸に向けた。義時と広元の屋敷には留守の者しかいなかったのでこれを蹂躪し、つづいて大倉御所に攻め寄せて囲み、御所に火を放った。

ここへ、寝返った三浦義村が駆けつけ、北条勢とともに御所を守った。義盛の三男朝比奈《あさひな》義秀《よしひで》が御所の門を打ち破って南庭に乱入して奮戦すると、将軍実朝と義時は御所の裏山にある頼朝の法華堂に退避した。

時間が経つと北条方に新手《あらて》が加わった。和田勢の人馬は疲労したため、義秀が殿《しんがり》となって敵を防ぐ中を由比ヶ浜まで退却したが、北条方もそれを攻めることはできなかった。

翌三日の早朝に、横山《よこやま》右馬《うま》允《のじょう》時兼《ときかね》に率い

和田義盛の三男義秀は豪傑で、朝夷奈切通しを豪力で開削したという伝説もある

られた横山党の三〇〇〇騎が到着したので和田勢は勢いを盛り返した。さらに稲村ヶ崎方面に、中村、二宮、川村、曾我など、西相模や伊豆の軍勢が現われた。この軍勢は義盛の呼びかけで出兵したのだが、和田方の不利を見て取って躊躇していた。

北条方では西相模の軍勢の帰趨《きすう》が読めないため、大江広元が実朝の名で御教書《みきょうしょ》を使者に持たせると、彼らはあっさりと幕府側に付いた。

北条氏と和田氏の私戦が、幕府軍が謀反人を追討する戦いの様相になった。和田勢と横山党は正面突破を図って若宮大路に兵力を集中したので、北条方は赤橋《あかばし》（鶴岡八幡宮三の鳥居そばの石橋は朱塗りの橋だった）付近に泰時の本陣を置き、その前面を固めた。和田勢が市街に突入を試みるが、前方からと若宮大路の高くなった東側から矢を浴び、突破は不可能に近く苦戦した。

和田合戦の錦絵には、死亡して久しい三浦義明まで描かれている

両軍が若宮大路に兵力を集めたので、和田方では石橋山で戦死した佐奈田義忠の弟の土屋義清は、六地蔵《ろくじぞう》から敵の手薄な北に向かい、窟堂《いわやどう》から鉄《くろがね》の井を通り、赤橋の義時本陣に突撃している。だが、これも八幡宮境内からの横矢を受け全滅していた。

夕刻迫る頃には和田勢は北条勢に押されるようになり、愛息義直が義盛の眼前で討ち取られてしまった。悲嘆する義盛は、今はこれまでと群がる北条方に突入し、江戸義範《よしのり》の郎党によって討ち取られる。将を失った和田方は壊滅した。

実朝暗殺

和田義盛を滅ぼした北条義時は、政所と侍所の両別当を兼任するようになり、名実ともに幕府の政治機構の上に権力を打ち立て、執権政治を成立させていく。

三浦氏当主の義村は常に体制側に協力して、一族の保全をはかってきた。和田合戦でも従兄弟の義盛の分が悪いと見ると北条方に寝返っているが、一族の当主が分家の義盛の風下に立つ不愉快さもあったに違いない。

和田合戦後に、幕府内で若輩《じゃくはい》の千葉胤綱《たねつな》が義村よりも上席に座ったのを見て、義村が「上総犬は臥所《ふしど》を知らぬな」というと、胤綱に「三浦犬は友を喰《く》らうわ」とやり返されるなど、御家人の間でも信頼を失っていた。

義村にとって、北条義時が侍所別当の座についたことや、義盛に同調した山内氏の所領である山内荘（現在の北鎌倉から横浜にかけてあった大荘園）を北条氏が手にしたため、北条氏に地の利を与えてしまったことが痛手であった。義村は頼家の遺児善哉（公暁）の乳母夫であり、善哉をバックアップして、機会を待つようになっていく。

実朝には子がいないので、官位を高めて宮中から皇子を求めて後継者にする考えを持っていたようだ。建保六年（一二一八）二月には京へ左大将への任官を求め、三月には左近衛大将兼左馬寮《さめりょう》御監《ごげん》を受け、十月には内大臣を兼ねている。さらに十二月には、九条良輔《よしすけ》の死によって右大臣に転じた。

武士としてはじめての右大臣で、後鳥羽上皇から装束や車が贈られ、権大納言坊門忠信、権中納言西園寺実氏《さいおんじさねうじ》など公卿五人が使者となって鎌倉に来た。

二十六日には、右大臣昇進を祝う鶴岡八幡宮拝賀の式典を翌年に計画し、この時の随兵の武士一〇〇〇人ほどは、八幡宮に入れず外の警護を沙汰した。

承久《じょうきゅう》元年（一二一九）正月二十七日、式典当日の鎌倉は夜に入って二尺（約六〇センチ）も積もる大雪になった。実朝が車で御所から八幡宮の楼門まで来ると、太刀持ち役の北条義時は体調不良を訴えて、その役を源仲章《なかあきら》に譲っている。

神拝や大饗《だいきょう》が終わり、退出する実朝に公暁が襲いかかった。実朝は公暁の一の太刀は笏《しゃく》で避けたが、次の太刀で切られ「広元やある」と言って落命したという。公暁は「親の仇はかく討つものぞ」と叫び、太刀持ち役の源仲章を「それが義時だ」と配下に殺害させ、義父でもある実朝の首を持って逃走した。

公暁は、八幡宮北の二十五坊に住む、後見者である備中阿闍梨《びっちゅうのあじゃり》の坊に逃げ戻り、湯漬けを食うときにも実朝の首を離さなかったという。そして、現在の横浜国大附属小・中学校にあった三浦義村邸に使いを出すが、義村は「迎えの使者を送ります」と偽って、北条義時にこのことを告げ、勇猛な公暁を討つために、石橋山で佐奈田義忠を討った長尾定景《ながおさだかげ》を差し向けた。

公暁は義村の迎えが来ないので、鶴岡八幡宮の裏山を登って義村宅に向かった。だが、途中で討手に遭遇したのを斬り散らし、義村邸の板塀を乗り越えようとしたところを討ち取られたとされる。これによって源氏将軍家は三代にして滅亡したのである。

この事件の背景になるものは諸説あるが、実朝は北条氏が一族をあげて養育した将軍であり、北条氏が黒幕であったとは考えにくい。だが、義時は何者からか実朝と自分を暗殺するという情報を得て、太刀持ち役を交替したと思われるが、その情報を、なぜ実朝に伝えなかったのだろうか。北条一族は擁立している実朝を見限って、源氏将軍が断絶することを望んだのだろうか。それを政子は容認していたのだろうか。それでも義時の黒幕説は考えにくい。

おそらく三浦義村が、公暁に義時の暗殺をそそのかしたと見るのが自然だろう。ところが公暁は、実朝を殺害したが、義時を討ち漏らした。そこで義村は、計画を大きく変更せざるを得なくなり、すべてを知る公暁を殺害してしまったというのが真相に近いと思われる。

公暁は、かつて石段脇にあった大銀杏に身を潜めていたとされるが、この銀杏が当時から人を隠すほどの大木だったかは疑問である。護衛のない実朝を八幡宮の別当であった公暁は、どこからでも襲うことができただろう。

かつては春には旺盛な生命力を漲らせていた大銀杏

大風によって倒壊した大銀杏の跡

この銀杏は平成二十二年(二〇一〇)三月十日の強風によって倒壊した。

四章　北条時代の鎌倉

鎌倉大仏

主を失った鎌倉幕府は、後鳥羽上皇に皇子の関東下向《げこう》を願った。だが後鳥羽は、鎌倉幕府が内紛によって弱体化したと判断し、実朝の遭難に弔問の使いを送るという名目で、後鳥羽が寵愛する伊賀局《いがのつぼね》の所領である摂津国長江《ながえ》荘と倉橋《くらはし》荘の地頭罷免を申し入れてきた。幕府の出方を瀬踏みしていたのだ。

頼朝は守護と地頭を全国に配置しようとしたが、平氏が滅亡しても頼朝を中心とする東国武士団の力は近畿から西にはなかなかおよばず、平氏が持っていた荘園以外に地頭を置くことはできなかった。

平氏から没収した荘園はその以前の領主である皇族や貴族に返されたが、武士たちは平氏を撃ち破って鎌倉将軍と主従関係を持って力をつけていた。関東から来た地頭はいまさら名目上の領主でしかない貴族や院に年貢を払わず、土地を奪って農民を支配下に置こうとする者が現われた。

また、天皇よりも力のある院には、多くの荘園が寄進され、後鳥羽は日本一の荘園の持ち主であったが、それでも院や貴族や大寺社は鎌倉政権ができたことで東国からの荘園収入が減少しており、院や朝廷をさしおいて武士が力を持ったことに反発していたのである。

義時は弟の時房《ときふさ》に一〇〇〇騎を率いさせて京に派遣し、「地頭職は肉親や家来を討たれながらの勲功で、罪もないのに罷免はできない」と、御家人保護の方針を貫き、皇族将軍の東下も再交渉させた。だが、後鳥羽は皇子の下向を拒絶し、承久元年（一二一九）三月には地頭罷免の院宣を出した。

時房は皇子の下向を諦め、右大臣九条道家《みちいえ》の子で二歳の三《み》寅《とら》を鎌倉へ連れ帰ることにした。三寅は頼朝の妹が生んだ二人の娘の血を父方と母方から受け継いでいたのである。三寅はあまりにも幼く、政子が御簾《みす》の中から決裁したので、政子は〝尼将軍〟と呼ばれる。

後鳥羽は討幕の意志を固めた。すでに院の警護には白河上皇が

北条氏略系図

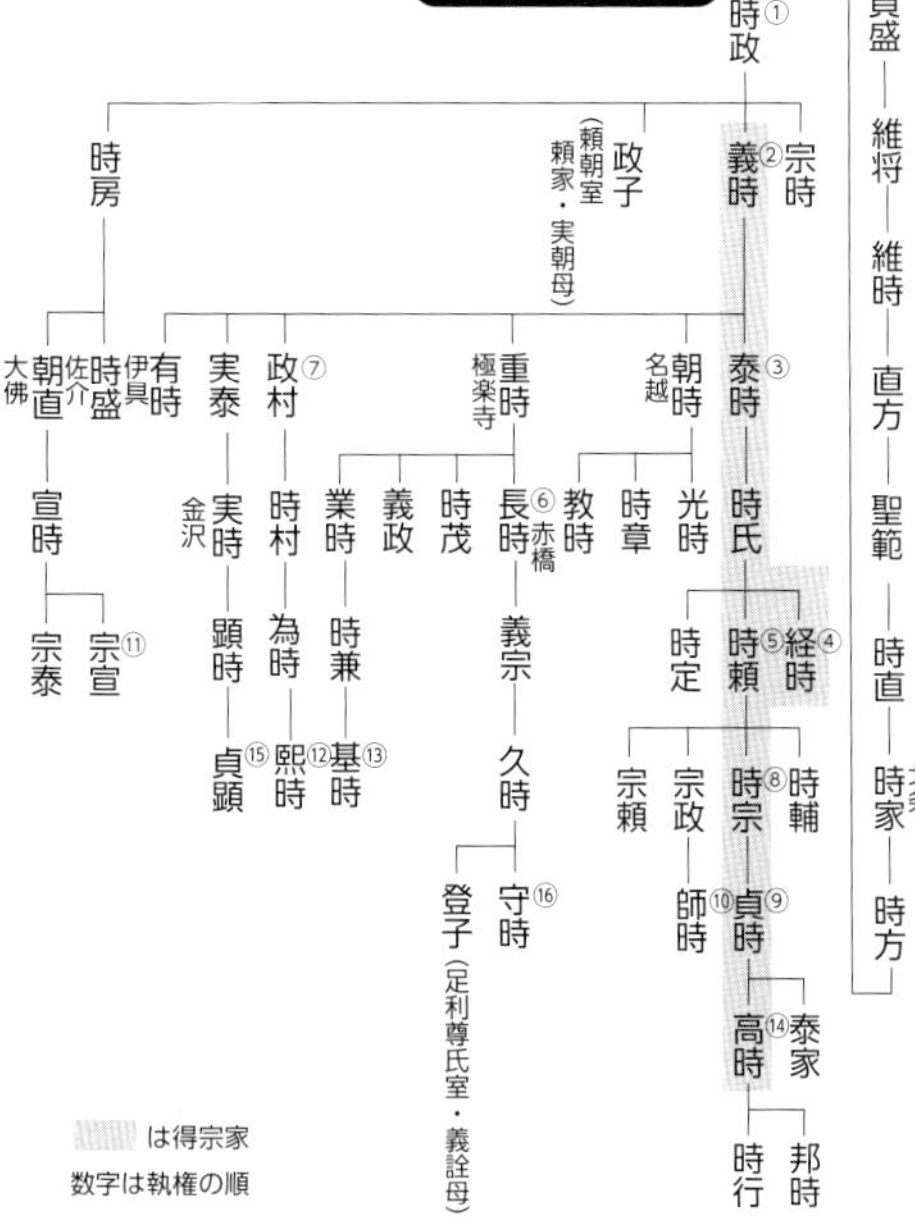

創設した北面武士《ほくめんのぶし》が当たったが、新たに西面《さいめんの》武士《ぶし》を組織して軍事力を強化した。順徳《じゅんとく》天皇も討幕に積極的で、承久三年（一二二一）に懐成《かねなり》親王（仲恭《ちゅうきょう》天皇）に譲位し、上皇という自由な立場になって協力するようになる。だが、土《つち》御門《みかど》上皇はこれに反対し、摂政の近衛《このえ》家実《いえざね》はじめ多くの公卿たちも反対していた。

後鳥羽院は承久三年（一二二一）五月十四日には、鳥羽の城南寺《せいなんじ》で行なう流鏑馬《やぶさめ》ぞろいを名目にして、畿内近国から一七〇〇余の武士を高《か》陽院《やのいん》に集め、翌日には義時追討の院宣と宣旨を諸国の武士に発したのである。

義時は京都守護の伊賀《いが》光季《みつすえ》が後鳥羽院の軍勢に討たれたという急報を、五月十九日に受けた。さらに、院宣を持った藤原秀康《ひでやす》の家来押松丸《おしまつまる》を

義時が館を営んだ跡に建つ宝戒寺

て、葛西ヶ谷《かさいがやつ》（現在の東勝寺跡のあたり）で取り押さえ、院宣が手渡される御家人の名を調べていた。そのとき三浦義村は、在京の弟胤義《たねよし》から送られてきた、院への味方を要請する手紙を義時に渡し旗色を明らかにしている。

将軍不在の鎌倉幕府の実質的な長で、尼将軍と呼ばれた政子は、在鎌倉の御家人たちを幕府に召集した。ここで政子は安達景盛《あだちかげもり》を通じて、朝敵になることに動揺していた御家人たちに、幕府草創以前の裸足で都まで行っていたみじめな生活を思い起こさせ、頼朝以来の豊かになった御恩を訴えている。そして、幕府体制に揺さぶりをかける院の挑戦に対決するか、頼朝の恩を忘れて院に仕えるか選択せよと訓示を与えた。

一方で、義時が御家人保護の方針を貫いたことも効果があり、御家人たちは彼らの利益を代表する幕府のために戦うことを誓った。義時はただちに対策会議を開くと、箱根・足柄で迎撃するという消極的作戦をとろうという意見に対し、京を知る行政官の大江広元や三善康信が、ただちに出兵すべきという強硬論を提唱し

●戦いの呼び方

前九年の役や後三の年役など「役《えき》」とされる戦いは、形式上であっても朝廷の命令によって起こったものをいう。

「変《へん》」は朝廷内部のクーデターなど小さな争いを呼ぶことが多く、戦闘が大きくなると「乱《らん》」となり、壬申《じんしん》の乱や承平《しょうへい》・天慶《てんぎょう》の乱など、地方での大戦や、朝廷に対する戦いを表わしている。

承久の乱は、朝廷や院に背いた幕府側の勝利によって「乱」となるが、朝廷側が勝利していたら「役」になっていたはずである。

たので、京都進撃を決定して遠江以東に動員令を出した。

五月二十二日、義時の嫡男泰時が小雨の中をたった一八騎で鎌倉を発すると、東海道、東山道、北陸道から東国武士が続々と合流し、一九万という大軍勢となった。だが、泰時は途中で引き返してき、父義時に「天皇自らが出陣してきたら、どうすればよいか」と尋ねた。すると義時は、「その時は弓を折って降参しろ、そうでなければ千人が一人になっても戦え」と答え、朝廷権威を尊重する気持ちも示していた。

上皇方は寺社勢力や在京した西国の守護らを加えて二万数千の兵力となっていたが、義時は捕らえていた押松丸を京に追い返し、東国軍の進撃ぶりを後鳥羽に伝えさせると戦意を喪失していった。上皇方が木曾川や宇治川で敗れると、武士は上皇の御所に入ることも許されず各地で自刃し、六月十五日に東国勢は京を占領した。

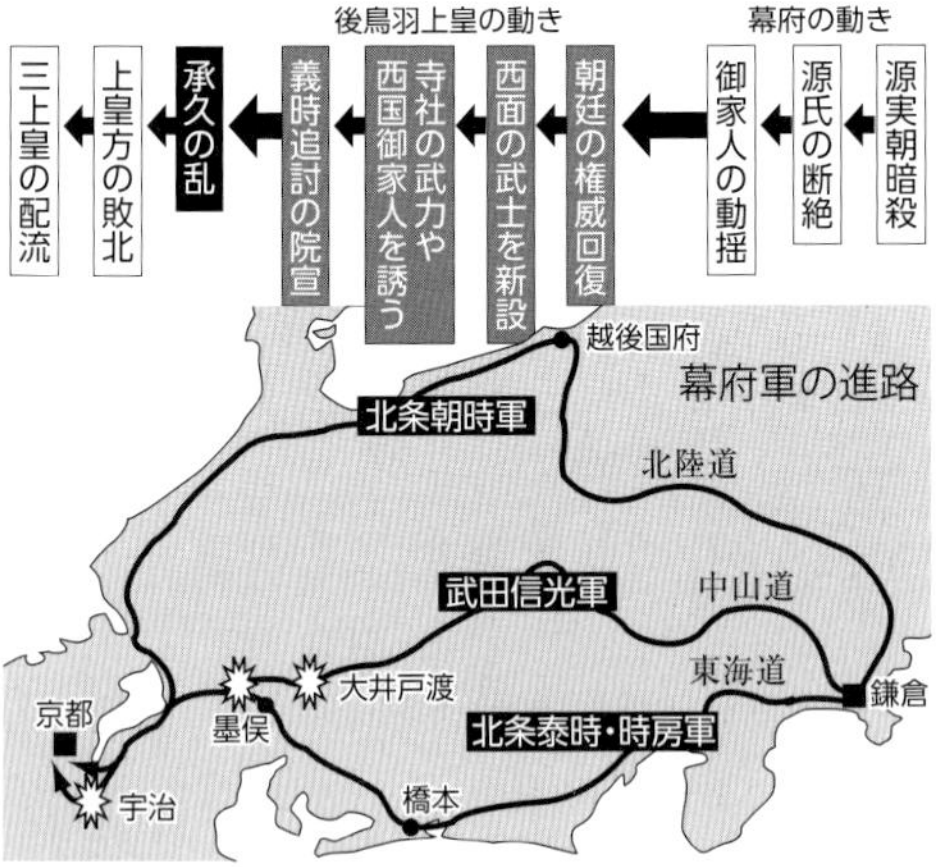

義時は敵対者を徹底的に潰そうと決心しており、上皇側に与《くみ》した武士の大半を斬罪し、後鳥羽上皇の皇子たちや貴族も処刑・流罪・免職とした。後鳥羽上皇を隠岐へ、順徳上皇は佐渡へ、土御門上皇は自ら申し出て土佐へ配流され、仲恭《ちゅうきょう》天皇を廃した。

この戦いは武士の利益を守り抜く戦いであり、幕府は、戦いの勝者は敗者の生命や財産などのすべてを奪うという、関東武士の論理を適用し、前代未聞の処罰を行なったのであった。

安達義景が義時に、新天皇が即位するにあたって「次に後鳥羽上皇側の順徳天皇の皇子が即位したら、どうしますか」と尋ねたときに、義時は「そのときは皇位から降ろしてしまえ」と答えている。義時の考えは乱の前後で大きく変化しており、幕府の力が強まったことを如実《にょじつ》に表わしている。

幕府は後鳥羽派に捕らえられていた親幕府派の西園寺公経《さいおんじきんつね》らを中心にして、朝廷の再編成を行なった。出家していた後鳥羽の兄の行助入道《ぎょうじょにゅうどう》親王の第三皇子茂《ゆた》

幕府は、後鳥羽上皇と順徳上皇の怨念を避けるため、八幡宮裏山に新宮を造営して祀った。明治時代になって土御門上皇も合祀されている

仁王《ひとおう》を即位させて後堀河《ごほりかわ》天皇とし、天皇を経験していない行助入道親王に、異例の太上天皇号を贈って院政を開かせ院号を後高倉《ごたかくら》院とした。

　行助入道親王は高倉天皇の第二皇子で、幼少時は守貞《もりさだ》親王とされた。守貞親王は平氏の都落ちに際し、異母兄安徳天皇の皇太子に擬されて西国にともなわれていた。だが、平氏滅亡後に救出されて帰京すると、同母弟が後鳥羽天皇となっており、不遇な運命を嘆いて出家していた。

　後鳥羽の莫大な荘園は、没収して後高倉院に寄進された。その荘園の支配権を幕府が握ったのは当然である。上皇方についた貴族や武士たちを徹底的に調べ、その所領三〇〇〇カ所も幕府が没収し、恩賞として東国武士たちを地頭に任命した。さらに朝廷や公家を監視し、近畿の御家人を統括する六波羅探《たん》

三浦一族の墓の前に建立されていた義時の法華堂

題《だい》を京に設置した。

これまで武家政権の範囲は東国のみに限定され、西国は公家政権が支配していた。これが、承久の乱によって朝廷と幕府の関係が逆転し、鎌倉政権が公家政権に対して支配的地位を持つようになったことで、全国的政権としての執権政治が確立されることになった。

関東から派遣された地頭たちは、じわじわと荘園を侵略していき、困った領主は取り分を地頭と折半する〝半済《はんぜい》〟でいざこざを避けようとしたり、領地を地頭に分けてしまう〝下地中分《したじちゅうぶん》〟をする者も出るようになっていく。

執権義時は最高権力者となって幕府内での地位が確定したが、乱から三年後の元仁《だんにん》元年（一二二四）六月に、六二歳で衝心脚気《しょうしんかっけ》によって急死した。

義時は禅宗での追号《ついごう》を〝徳崇《とくすう》〟とされたようで、その徳崇の当て字なのか、時政以

宝戒寺の境内に祀られた徳崇大権現

来の北条氏嫡流の当主は〝得宗《とくそう》〟と呼ばれて北条氏の頂点に立った。得宗は執権職に就くことを基本とし、辞職してからも執権よりも強い影響力を持って幕政に君臨した。権勢を増す得宗家は、得宗被官という家人を多く抱えるようになると、家政機関を整えた。この家人たちは御内人と呼ばれ、いわば旗本である。その筆頭旗本に当たるのが内管領《うちのかんれい》である。

三浦氏の滅亡

義時の嫡男泰時と義時の弟時房は、承久の乱後は六波羅探題として在京していたが、義時の訃報に接して鎌倉に帰っていた。元仁元年（一二二四）六月に、政子は泰時と時房に、幼少の九条三寅を後見して政務を行なうように命じた。

ここに新執権北条泰時が誕生し、時房は泰時を補佐し幕府の公文書に署名する役の「連《れん》署《しょ》」に就任した。

「執権」は将軍の意を補佐して政治を主導するものだが、北条氏は歴代の将軍が独自の権力を形成しないよう、成人すると引きずり降ろした。また、自らの優越を確保するため、有力御家人の謀反や陰謀の噂を創作して次々と倒し、力を伸ばしていくのである。

このとき北条氏内部で、後継者争いが起こりかけていた。義時の後妻伊賀方《いがのかた》には、義時を毒殺したという噂もあり、兄の伊賀光宗《みつむね》と謀《はか》って自分の子で二〇歳になる義時の五男政村《まさむら》を執権にして、幕府の実権を握ろうと企んだのだ。政村の烏帽子親は、義時の配慮によって三浦義村が務めており、北条氏の内部分裂を歓迎する三浦義村は伊賀方に加担していた。

この動きを察知した政子は、三浦邸に乗り込んで義村と直談判して関与を追及する。義村は伊賀光宗に対する制止を誓い、世間の乱れを鎮めることを命じられた。伊賀氏のクーデター計画は失敗し、政村は新執権泰時の計らいで罪は問われなかったが、母の伊賀方は伊豆国に配流されている。

嘉禄《かろく》元年（一二二五）七月十一日、度重《たびかさ》なる幕府の危機を見事に克服した北条政子が、六九歳で波乱の生涯を閉じた。その年に三寅は九歳で元服して頼経《よりつね》を名乗り、十二月二十日には大倉御所から、若宮大路に面した宇都宮辻御所に移転した。

幕府の申請により、頼経が翌年一月に右近衛少将征夷大将軍に任じられ、空白であった鎌倉幕府の四代将軍となった。翌日には政務の熟練者や御家人の長老格から評定衆《ひょうじょうしゅう》

寿福寺にある政子の墓

一一人を選び、執権泰時と連署時房を加えた一三人で、幕府は合議制の集団指導体制による執権政治が発足する。ここに泰時の意図する将軍・執権・評定衆の組織が整った。

寛喜《かんぎ》二年（一二三〇）には、二代将軍頼家の娘で唯一頼朝の血を受け継いでいた、二八歳になる竹之御所《たけのごしょ》が、一三歳の四代将軍頼経に嫁した。これは頼経と頼朝を結びつけるためのものだが、竹之御所は政子の孫でもあり、政子の庇護を受けて育っており、北条氏と将軍の関係を意味するものでもあった。五年後に竹之御所が死亡すると頼朝の血筋は完全に絶えた。

承久の乱以降、幕府の権力が全国におよぶようになり、地頭と荘園領主の紛争が増加したので、裁判上の基準を示す法典が必要になっていた。泰時は評定衆の中でも法律に詳しい太田康連《おおたやすつら》や斎藤長安《さいとうながやす》と図り、貞永《じょうえい》元年（一二三二）八月に初めての武家法典である「御成敗式目《ごせいばいしきもく》（貞永式目）」五一カ条を制定した。

これは当時の武士が正しいと思う道理に基づいて編纂《へんさん》

四代将軍頼経が建立した五大堂明王院

しており、代々の将軍や頼朝夫人の政子から与えられた所領に対し、それ以前の領主の訴訟は受け付けないとか、二〇年以上知行してきた所領は保証するなど、御家人の所領が保護されている。

延応《えんのう》元年（一二三九）十二月に三浦義村は死亡し、仁治《にんじ》三年（一二四二）六月、名執権と誉れの高い北条泰時が病死したので、時代は彼らの子の世代に移った。

しかし、泰時の嫡子時氏《ときうじ》と次子時実《ときざね》はすでに亡く、泰時の遺言により孫で一九歳の経時《つねとき》が執権となり、金沢文庫を創設した泰時の甥実時《さねとき》が補佐役となった。

話は少し遡《さかのぼ》るが、建久二年（一一九一）には、義時には庶子だがすでに九歳になる長子の泰時がいた。だが、義時は比企尼の孫娘で絶世の美女とされた〝姫前《ひめのまえ》〟に恋をしたが、まったく相手にしてもらえなかった。これを見かねた頼朝が姫前に「絶対に離縁しませんという起請文《きしょうもん》を書かせて、結婚してやれ」と命じたので結婚することができた。

正室姫前は義時の次男朝時《ともとき》と三男重時《しげとき》を生んだが、建仁三年（一二〇三）に北条氏が比企氏を滅ぼしたことで、義時と離縁して京に向かい、源具親《ともちか》と再婚したと思われる。

正室姫前の子北条朝時を祖とする名越《なごえ》氏は、自らが北条氏嫡流としており、いわば庶子に当たる経時の執権継承に対して、朝時の子名越光時《みつとき》は不満を募らせていたのである。

また、四代将軍頼経も北条氏や三浦氏などの諸子を側近に付けられていたが、成人するとともに執権北条氏の傀儡《かいらい》にあきたらなくなり、側近集団に擁されて自らが政権を握る意志を持ち、反執権勢力の糾合《きゅうごう》を図るようになっていた。

これに危険を感じた経時は、寛元《かんげん》二年（一二四四）四月に頼経を将軍職の座から降ろし、頼経の子でわずか六歳の頼嗣《よりつぐ》に将軍職を継がせた。翌年に経時は妹で一六歳の檜皮姫《ひはだ》を新将軍頼嗣の夫人とし、北条氏と鎌倉将軍との関係を結ばせている。

寛元四年（一二四六）閏四月、執権経時は病み、執権職を弟の時頼《ときより》に譲ると、その直後にわずか二三歳で死去した。

その年の五月末になって、鎌倉じゅうでまた合戦が始まるとして騒然となった。前将軍頼経に信頼されていた名越光時が、時頼を討って自分が執権になり、頼経を復職させようと企んで同志を募っていたところ、これが漏れたのである。

五代執権時頼はすばやく兵を集め、中ノ下馬《げば》橋の防備を固めて幕府と自邸を防護したので、光時は手出しができなくなった。光時は、仏門に入るとして髻を切って時頼に差し出し、伊豆に流された。これを名越光時の乱とか宮騒動という。

時頼は、今後も騒動の原因となりかねない前将軍頼経を、三浦光村に護送させて頼経の実父である前摂政の藤原道家の許に送り返した。ところが、頼経を護送した光村は、二〇余年も近侍した頼経に同情しており、頼経をふたたび鎌倉に迎えようと企む。

光村の兄で三浦氏当主泰村に、北条氏への反抗の意志はなかったが、光村は北条氏の専権を憎んで武器を集め始めたのである。

執権時頼も不穏な動きを察知し、宝治《ほうじ》元年（一二四七）六月には泰村に和平の手を差し伸べた。平穏に解決すると思われたが、かつて頼家に誅殺されようとした安達景盛《あだちかげもり》は、打倒三浦に向けて強硬だった。子の義景《よしかげ》や孫の泰盛《やすもり》を叱咤《しった》して甘縄《あまなわ》の屋敷から兵を率いて鶴岡八幡宮境内を斜めに駆け抜けると、泰村館を強襲した。

両陣営に御家人たちが続々と駆けつけ、合戦に引き込まれた時頼は弟の時定《ときさだ》に泰村討伐を命じ、三浦館に火をかけさせた。

三浦泰村ら五〇〇の勢は館を捨て、頼朝の廟所である法華堂に籠もり、要害の永福寺《ようふくじ》で戦う光村を呼び寄せて自刃した。

時頼は諸国を廻ったとする逸話もある

このとき光村は自らで顔面を切り刻んで、死後に誰か分からないようにしたが、あまりの凄惨さに泰村は、「汝の血で故頼朝公の御影を汚し奉る。不忠至極である」と諫《いさ》めたとされる。ここに三浦一族は滅亡し、三浦泰村の妹婿である上総の千葉秀胤《ひでたね》も、幕府の追討軍と戦って敗れ、一族と共に自害した。

この宝治合戦以後、幕府は評定衆による合議制から、北条氏嫡流当主の得宗による専制政治へと移行していく。

公家将軍から親王将軍へ

鎌倉に宮騒動や宝治合戦の余燼《よじん》がまだ燻《くすぶ》っている建長三年（一二五一）十二月、前将軍頼経の側近だった足利《あしかが》泰氏《やすうじ》が幕府の許可なく出家したので、執権時頼は泰氏の下総埴《は》生《にゅう》荘を没収した。泰氏は北条泰時の娘を正妻にしているので時頼とは義兄弟で、幕府の宿老を務める父の義氏が抗議するが、時頼はつっぱねている。

頼朝の墓の裏山に掘られた横穴が三浦一族の墓とされる

その直後に千葉氏庶流の僧了行《りょうぎょう》、千葉氏残党の矢作常氏《やはぎつねうじ》、三浦氏残党の長久連《ちょうひさつら》らが謀叛を企てたとして捕らえられた。これには前将軍頼経が関与したとして、幕府は一四歳の五代将軍頼嗣も解任し京へ追放した。

建長四年（一二五二）二月、幕府は後嵯峨《ごさが》上皇の皇子で一一歳の宗尊《むねたか》親王を、六代将軍に

●青砥藤綱

青砥藤綱《あおとふじつな》は実在が疑われる人物だが、『太平記』には藤綱の業績が記されている。

藤綱が夜に出仕するとき、銭一〇文を入れた燧袋《ひうちぶくろ》を滑川に落としてしまった。従者に町屋から松明《たいまつ》一〇把《ば》を五〇文で買ってこさせ、それを灯して銭を探し出した。人々は「一〇文を探すのに、五〇文で松明を買うとは、損得のわからぬ話じゃ」と笑ったが、藤綱は「あの一〇文は探さねば滑川の底に沈んで世の中から消えてしまうのだ。五〇文はわしの手から離れたが、商人の手に渡ったので世の中からなくなりはせぬ。天下の政《まつりごと》を預かる者は、天下の損得が大事」といったので、人々は感心したという。

この話の原型は、中国宋代の『二程粋言《にていすいげん》』にあるが、視点を変えると鎌倉に都市的な町屋が生まれ、財の理論が登場したことを示しているのである。貨幣経済は江戸時代になってからと思われがちだが、鎌倉大仏の鋳造に大量の貨幣が使われたように、鎌倉時代には想像以上に貨幣が流通していたようだ。宋の記録に「日本が大量の貨幣を輸入するので、貨幣量が減り物価が安くなった」とある。

藤綱の逸話が残る東勝寺橋

迎えたいと朝廷に要請した。朝廷内で賛否が論じられたが、三月になって宗尊親王は京を出発し、皇族として初めて武家の統領になった。

この頃、幕府はすでに北条氏による専制体制を整えており、将軍に何ら権限はなく、和歌の創作に打ち込むようになって、鎌倉では武家を中心とした歌壇が隆盛し、御家人の中から有能な歌人が輩出されていく。

文永《ぶんえい》三年（一二六六）六月、幕府は宗尊親王の正室近衛宰子《このえさいし》と僧良基《りょうき》の密通を口実に将軍を解任し、京への送還を決定した。宗尊親王が和歌会などで御家人との結びつきを深めていたことを危惧《きぐ》したもので、幕府は三歳の宗尊親王の子惟康《これやす》王を七代将軍として擁立する。だが、正応《しょうおう》二年（一二八九）九月には、北条氏は成人して二六歳となった惟康の長期在任を嫌い、将軍職を解任して京に戻した。朝廷は惟康を皇籍に復帰させて親王宣下をし、惟康親王と名乗らせる。

幕府は後深草《ごふかくさ》上皇の皇子である一三歳の久明《ひさあき》親王の征夷大将軍就任を望み、久明親王が八代将軍になるが、延慶《えんぎょう》元年（一三〇八）八月に北条氏によって将軍職を解任されるまでとくに業績もなく京に送還された。久明親王の子の守邦《もりくに》親王が八歳で九代将軍になり、元弘《げんこう》三年（一三三三）の幕府滅亡と同時に将軍職を辞するまで務め、在職期間は鎌倉幕府将軍の最長である二四年九カ月となった。

鎌倉仏教

平安時代までの仏教は、出家した僧侶が厳しい戒律のもとに修行し、学問を修めるもので、天皇や貴族という上流階級が国家鎮護の祈禱のために帰依《きえ》、信奉して、そこに庶民の入り込む余地はなかった。

だが、平氏が滅亡する治承・寿永の乱と時を同じくして、西日本を大飢饉が襲った。とくに以仁王が平氏討伐の令旨を発した治承四年（一一八〇）は、干魃により農産物の収穫が激減していた。翌養和元年（一一八一）には「養和の大飢饉」となり、鴨長明《かものちょうめい》の『方丈記《ほうじょうき》』には京の市中の死者を四万二三〇〇人とし、市中に遺体があふれて各所で異臭を放っていたことが記されている。

このような時代を背景として、庶民の救済を唱える新仏教が誕生した。その成立には、仏教の「末法思想《まっぽうしそう》」も大きな影響をおよぼしている。

末法思想とは仏陀《ぶっだ》が入滅してから、世は「正法《しょうほう》」「像法《ぞうほう》」と経て、仏陀（悟りを開いた人の意で、ここでは釈迦《しゃか》のこと）の教えが衰退して争いの絶えない「末法」になるというもので、日本では永承《えいしょう》七年（一〇五二）から末法に入るとされていた。

それを証明するように、為政者たちは自己の利益を求めて政変に明け暮れ、比叡山延暦寺をはじめ仏教界は堕落し、飢餓や天変地異に襲われていた。そのため、浄土《じょうど》信仰の「誰もが阿弥陀仏《あみだぶつ》の救いによって極楽浄土に行ける」という教えをはじめとして、弱者のための仏教が勃興したのである。

これを鎌倉仏教とし、旧仏教のように厳しい戒律や学問、寄進を必要とせず、在家のままで救済にあずかることができると説いていた。

法然《ほうねん》（源空《げんくう》）の説いた浄土宗は、ただひたすらに「南無阿弥陀仏《なむあみだぶつ》」を唱えることが大切と教え、親鸞《しんらん》は法然の教えをさらに進め、信心を起こして念仏を唱えれば、ただちに往生が決する一念発起《いちねんほっき》や悪人《あくにん》正機《しょうき》説《せつ》を説き、それは浄土真宗《じょうどしんしゅう》（一向宗《いっこうしゅう》）とされるようになっていった。さらに一遍《いっぺん》は、万人は念仏

日蓮の辻説法跡

を唱えれば救われると説いて時宗《じしゅう》（遊行宗《ゆぎょうしゅう》）とした。

古くからの法華《ほっけ》信仰をもとに、新しい救済の道を拓いたのは日蓮《ひちれん》で、法華経こそが唯一の釈迦《しゃか》の教えであり、「南無妙法蓮華経《なむみょうほうれんげきょう》」の題目の唱和によって救われるとし、辻説法《つじせっぽう》で布教した。

インドの達磨大師《だるまたいし》に発し、座禅を組んで精神統一をはかり、悟《さと》りを得ようとする「禅《ぜん》」は、すでに奈良時代には日本に伝わっていたが、栄西《えいさい》は座禅を組み師の与える問題を解決しながら悟りに達すると説くが、禅は戒《かい》を基本とするとしている。栄西の臨済宗《りんざいしゅう》は鎌倉武士たちから新しい教学として迎えられ、北条氏もこれを保護した。

同じ禅でも、道元《どうげん》の曹洞宗《そうとうしゅう》は、俗世に交わらず厳しい修行を行ない、ただひたすらに座禅を組むことで悟りにいたることを主眼としている。

これらの鎌倉仏教は、他力本願を旨とする浄土宗、浄土真宗、時宗と、天台系の法華宗（日蓮宗）、禅系の臨済宗、曹洞宗と広がり、新たに台頭してきた武士階級や一般庶民へと

十二所にある時宗の光触寺

広まっていったのである。

鎌倉大仏

頼朝以来の鎌倉は、若宮大路より東側の標高が高い地域が中心であった感が強い。だが、北条氏の時代になると、極楽寺《ごくらくじ》が繁栄するなど若宮大路の西側が活況を呈するようになった。

鎌倉大仏は謎の多い存在で、『吾妻鏡』の記述では浄光《じょうこう》という僧が勧進を行ない、暦仁《りゃくにん》元年（一二三八）に「大仏堂」の建立が始められ、寛元元年（一二四三）に開眼供養が行なわれたとある。浄光は他の事蹟を知られておらず不明な人物である。また仁治三年（一二四二）の『東関紀行《とうかんきこう》』には、この時の大仏は銅造ではなく木造であったとの記述があり、寛元元年（一二四三）六月に落慶供養があった。

奈良の大仏は盧舎那仏《るしゃなぶつ》（華厳経などの教主で、万物を照らす宇宙的存在としての仏。密教での大日如来《だいにちにょらい》）だが、その鎌倉大仏は阿弥陀如来《あみだにょらい》である。

各種の神は仏教の如来や菩薩《ぼさつ》などが、人々の救済のために形を変えて出現したとする本地《ほんじ》垂迹説《すいじゃくせつ》では、阿弥陀仏は源氏の守護神である八幡神の本地仏であるため、鶴岡八幡宮の分身として鎌倉の西方に安置されたのではないかとされている。

『吾妻鏡』には、建長四年（一二五二）八月から金銅八丈（一丈＝一〇尺＝約三・〇三メートル）の像の造立が開始されたとあり、金沢貞顕《かなざわさだあき》の文書には関東大仏造営料を得るため宋に船を渡らせる予定とあり、金銅の大仏建造に幕府が関わったようだ。

大仏の材質分析によると鉛の含有量が多く、宋銭を使用した可能性が高いとされている。鋳造には河内の鋳物師丹治久友《たんじひさとも》が関わっていたようで、表面には金鍍金《メッキ》ではなく金箔《きんぱく》が貼られていたとされる。

大仏は大仏殿に安置されていたが、大仏殿は大風などで数度の倒壊があり、通説では明応《めいおう》七年（一四九八）八月の地震後に起こった津波によって流されたとされるが、文明《ぶんめい》十八年（一四八六）にはすでになかったという記録もある。

古都鎌倉の象徴である鎌倉大仏

寺の草創初期は真言宗で極楽寺を開山した忍性《にんしょう》など密教系の僧が住持となっている。後に建長寺の末寺となるが、江戸時代の正徳《しょうとく》年間（一七一一年〜一七一六年）に芝《しば》の増上寺《ぞうじょうじ》の祐天《ゆうてん》上人により再興されてからは浄土宗に属し、浄土宗関東総本山の光明寺の末寺となって、〝高徳院《こうとくいん》〟の院号を称するようになった。

忍性の業績

忍性《にんしょう》は奈良西大寺《さいだいじ》を復興した真言律宗《しんごんりつしゅう》の僧叡尊《えいそん》を師と仰ぎ、西大寺に入って「律」を学び、社会事業に力をそそぐ叡尊の影響を強く受けていた。建長四年（一二五二）に西大寺流の律を広めるために坂東に向けて旅立ち、八月に鎌倉に入ったが、八田知家《はったともいえ》の保護を得て常陸国の清涼院《せいりょういん》から鎌倉の新清涼寺釈迦堂《しゃかどう》に移り住んでいた。

極楽寺

弘長二年（一二六二）には、師の叡尊が執権北条長時《ながとき》や金沢実時《さねとき》の招きで鎌倉に入り、忍性の力も借りながら癩病《らいびょう》患者の救済をして京に帰ると、忍性は師に代わって鎌倉に残り、執権長時から極楽寺《ごくらくじ》に招かれた。

忍性は、極楽寺で律の布教と慈善救済事業に力をそそぎ、その長老となってからは、海岸一帯を管理下に置き、和賀江島の敷地の所有および維持・管理の権利と、出入りする商船から升米とよばれる関米を徴収する権利が極楽寺に与えられている。

また忍性は、多様な職能の民を司っていたとされ、そこに鎌倉大仏の造立に関わった河内の鋳物師も含まれていたと見られている。彼が率いていた〝大倉派〟の石工《いしく》集団は、宋から渡来した石工の子孫の流れをくむとされる。それ以前には鎌倉石のような水性砂岩や凝灰岩《ぎょうかいがん》などの柔らかい岩石を加工する技術しかなかったが、大倉派は硬い岩質の花崗《かこう》岩や安山岩《あんざん》を加工できたので、関東の五輪塔や宝篋印塔《ほうきょういんとう》が風化しにくくなった。

この頃には人々の生活が向上しており、近畿や中国地方では農民が努力し、品種改良や馬を農耕に使用するようになって、水田の裏作に麦を植えるようになっていた。文永《ぶんえい》元年(一二六四)四月には、幕府は裏作の麦から年貢を取ることを禁止し、農民保護の政策を行なっている。

野菜類もサトイモ、ダイコン、ネギに加え、ニンジンやゴボウが栽培された。武士は農業のほかに狩猟や漁労にも携わったようで、遺跡からは鹿や猪《いのしし》、雁《がん》や鴨の骨、ハマグリ、サザエ、アワビの殻も出土している。村落の住まいは草葺《くさぶ》き屋根の掘立小屋が一般的で、床には筵《むしろ》や茣蓙《ござ》が敷かれて、土間《どま》があったようだ。

日蓮の預言

正嘉《しょうか》元年（一二五七）八月、大地震が鎌倉を襲い、翌年には大洪水が襲った。

文応《ぶんおう》元年（一二六〇）七月、日蓮は『立正安国論《りっしょうあんこくろん》』を北条時頼に贈ったが、そこには幕府の悪政と既成仏教の無力が弾劾《だんがい》されていた。日蓮は正嘉の飢饉を民衆とともに味わっていたが、禅宗に帰依《きえ》して律宗を通じて支配を試みる北条時頼は、日蓮の法華至上主義の排他的な姿勢には同調できなかった。

この後、他宗からの日蓮への暴行や排撃が強まって、鎌倉市中に騒乱が絶えず、幕府は日蓮を伊豆国伊東に預け置きとした。安

三浦一族の石井長勝が日蓮に寄進した長勝寺

夷堂に日蓮が滞在した本覚寺

房国小松原《こまつばら》（千葉県鴨川市《かもがわ》）でも日蓮の弟子が殺害される法難に遭っている。

文永五年（一二六八）に、幕府へ蒙古《もうこ》からの国書が届き、他国からの侵略の危機が現実となる。日蓮は執権北条時宗《ときむね》、御内人の平頼綱《たいらのよりつな》や建長寺道隆《けんちょうじどうりゅう》、極楽寺良観《りょうかん》などに書状を送り、他宗派との公場対決の場を設けるように迫った。

文永八年（一二七一）七月、日蓮は極楽寺良観の祈雨対決の敗北を指摘し、九月には良観らが日蓮を幕府に訴えた。それでも日蓮は、「故最明寺入道殿《さみょうじにゅうどう》（時頼）と極楽寺入道殿（前々の執権長時の父重時）は邪宗を信じたから無間地獄《むげん》に堕ちる」と幕府批判の折伏《しゃくぶく》をやめなかったので、平頼綱が兵を松ヶ谷《まつがやつ》の庵室に乱入させ日蓮を逮捕した。

九月十二日、日蓮を腰越龍ノ口《こしごえたつのくち》刑場（藤沢市片瀬《かたせ》の龍口寺）に連行して斬ろうとするとき、光物が飛び太刀取りの目が眩《くら》み刀が折れる怪異現象が起こったとしている。日蓮はこれを〝龍口法難〟としているが、安達泰盛のはからいで助命され、日蓮は佐渡へ配流された。

宿屋光則が日蓮に寄進した光則寺

日蓮の弟子日朗を監禁した光則寺土牢

文永十一年（一二七四）二月、幕府は日蓮を許して鎌倉に呼んだ。その予言のことごとくが的中して無視できなくなっていたからだ。かつて日蓮を迫害した平頼綱が日蓮を丁重に迎え、蒙古調伏《ちょうぶく》の祈禱を頼みたいとしたが、日蓮は他宗の修法を禁断させることを条件とした。これは幕府が受け容れられることではなく、五月になって日蓮は、南部氏の一族波木井実長《はきいさねなが》の招きを受けて、甲斐の身延山《みのぶさん》に去って久遠寺《くおんじ》を開山する。

北条一族の中からも日蓮を支持する者が現われ、比企能員の末子能本《よしもと》は比企の乱で助命されていたが、日蓮に帰依して比企ガ谷の邸を寄進して妙本寺とした。また、宿屋光則《やどやみつのり》も大仏近くの邸内に光則寺《こうそくじ》を建立して寄進している。

文永十一年（一二七四）十月五日、蒙古軍が対馬に襲来した。日蓮が予言してから五カ月後であった。

日蓮が〝龍口法難〟に遭った場は龍口寺になった

蒙古襲来前夜

文永五年（一二六八）正月一日、蒙古帝国の五代皇帝フビライの命で、高麗《こうらい》の潘阜《はんぷ》が使者として蒙古と高麗の国書をたずさえて大宰府に到着した。

この国書は閏一月八日に鎌倉に着いた。執権北条政村《まさむら》と連署の北条時宗《ときむね》は、宋から来た僧の蘭渓道隆《らんけいどうりゅう》から蒙古の情報を得ただろう。そして評定衆を招集して会議したところ、威嚇《いかく》を含んだ無礼な文面に返事を出さないことに決し、西国の御家人に沿岸の防備を厳重にすべきと布告した。そして、三月には老齢の政村に代わって、一八歳の時宗が八代執権に就任した。

名執権と名高い時頼が三九歳で亡くなった後は、一族の中から長時、政村が暫定的に執権を務めていたが、ここに時頼の嫡子時宗による嫡流の執権が復活した。

評定衆、引付《ひきつけ》衆、諸国守護の多くを北条一族が占め、

時宗の肖像

時宗は安達屋敷で誕生し、甘縄明神社に産湯の井がある

得宗家の家臣である御内人の勢力が強まって評定は形骸化し、政務も「寄合」として得宗の私邸で秘密裏に決定されるようになった。こうして得宗の専制政治へ転換していくのである。

高麗の国使潘阜は、大宰府滞在中に港や逃げ道、予定戦場の地理などを図面にとり、七月には江華島《こうか》に帰っていった。

文永八年（一二七一）九月に、フビライの秘書官趙良弼《ちょうりょうひつ》が使者となって筑前国《ちくぜん》に着いた。趙は京都に行き朝廷に国書を呈して返事をもらうと言い張るが、大宰府ではこれを許さず、十二月頃に趙は帰っていった。

二月騒動

時宗には庶腹の兄時輔《ときすけ》がいたが、家督を継げずに京の六波羅南方の探題を務めていた。宮騒動で処罰された名越光時の弟時章《ときあきら》・教時《のりとき》の兄弟が、この時輔を執権に就かせようと画策しているという噂を、安達泰盛が聞きつけて時宗に告げた。

時宗が独自に調べさせたところ、ほぼ事実ということになった。そこで、文永九年（一二七二）二月十一日に御内人を遣わして名越兄弟を召し捕るように命じた。兄弟が手強く抵抗したのか、御内人は二人を討ち取る。

また二月十五日には、京の六波羅探題北方の北条義宗《よしむね》が鎌倉からの早馬を受け、南方の北条時輔を討伐した。さらに宗尊親王の側近で現将軍惟康親王に従っている中御門実隆《なかみかどさねたか》を、事件に関係があるとして押し込めた。時宗は京における反得宗の動きを封殺したのである。

幕府は前年九月に、鎮西《ちんぜい》（西海道）に地頭職を持つ者を下向させ、守護の指揮のもとで異国防御と悪党排除につとめるよう命じ、西国支配の強化をめざしていた。

名越時章は九州の筑後、大隅、肥後の守護職で、蒙古が襲来すれば九州の御家人を指揮する立場であり、鎌倉での影響力を強くする可能性があった。事件後、時章の守護職は安達泰盛と大友頼泰《おおともよりやす》に移り、時輔が守護だった伯耆《ほうき》は泰盛に近い芦名《あしな》氏に移った。

まもなく名越時章に罪がないと判明したとして、時章を討ち取った御内人五人を断罪にした。力を持ちはじめた御内人に打撃を与え、名越家の排除で反抗勢力を一掃したことで、時宗による九州異国警固態勢が強化され、得宗独裁体制も整ったのである。

これらの動きは安達泰盛が大きく関与しており、泰盛の庶兄安達頼景《よりかげ》は宗尊親王との繋がりから六波羅探題評定衆を務めていたが、鎌倉に呼び戻されて二カ所の所領を没収されており、泰盛も安達氏の一門内での地位を確立している。

文永の役

文永十年（一二七三）三月にも、趙良弼が再び大宰府に来たが、日本側は趙の要求を強く拒んでいた。

十月五日、元軍は対馬《つしま》に上陸した。対馬守護代宗資国《そうすけくに》は応戦するが戦死する。十四日に、元軍は壱岐《いき》に上陸。壱岐守護代 平 景隆《たいらのかげたか》は応戦するが敵《かな》わず、十九日には北宋《ほうそう》、高麗《こうらい》の兵を含んだ蒙古軍が博多《はかた》に押し寄せた。大船三〇〇艘《そう》、軽疾船《かるはやぶね》三〇〇艘、汲水用小船三〇〇艘からなり、船掛かりの者を含めて総数三万二七〇〇の兵数であった。

すでに対馬、壱岐、肥前の平戸《ひらど》、能古島《のこのしま》、鷹島《たかのしま》を蹂躙して、二十日未明には今津《いまづ》の浜に一部を上陸させ、東に向かって百道原《ももちばる》に上陸し、さらに東の博多に向かった。

総大将 少弐景資《しょうにかげすけ》の子で一二歳の資時《すけとき》が、日本の古式に則って軍勢の先頭に出て名乗りを上げ、蒙古軍に向かって小鏑矢《こかぶらや》を射て戦闘開始を宣《せん》したところ、蒙古軍はドッと笑いだし、鉦《かね》や太鼓を叩いて鬨《とき》の声を上げたので、日本勢の馬は驚いて狂った。

蒙古軍は一騎駆けをする鎌倉武士に集団で取り囲んで毒を塗った矢で射取り、すさまじい爆発音を発する〝てっぽう〟で日本勢の人馬の魂を飛ばしていく。

少弐景資は、宋の降将で副都元帥の劉復亨《りゅうふくこう》を討ち取るなど健闘をするが、日本勢は次第に圧迫などされ、午後になると博多や筥崎《はこざき》の町は焼かれ、大宰府に退却した。

かつて大和朝廷が、六六三年に唐と新羅《しらぎ》の連合軍に侵略された百済《くだら》を救援して、朝鮮半島の白村江《はくすきのえ》で戦ったが大敗し、翌年に中大兄皇子《なかのおおえのおうじ》は、唐・新羅が博多湾から大宰府に攻め込むことを想定し水城《みずき》を築かせていたので、幕府軍もこれを防衛線にする。

このときに蒙古軍が追撃すれば、日本勢は防ぎきれなかっただろう。だが、蒙古軍は土地不案内なところで夜戦になることを嫌ったのか、船に引き上げていた。

ところが夜になって大風雨が吹き荒れ、蒙古軍は船の多くが破損し沈没したので、残った船は高麗の合浦《がっぽ》に引き上げたとされる。これには

時宗は無学祖元を招いて建長寺の住持にした

合浦へ退却する途上で暴風雨に遭ったとする説もある。

合戦の模様は京や鎌倉に報告され、京の公家の間には九州全土が敵の手に落ちたという風評も立ち、鎌倉幕府の責任論が起こったが、まもなく暴風雨による蒙古軍の壊滅が伝えられた。朝廷も幕府も一層の修法祈禱《しゅほうきとう》に力を入れ、亀山上皇は一身をもって国難に代わりたいと伊勢神宮へ願文《がんもん》を納めた。

翌文永十二年（一二七五）四月に、長門《ながと》国の日本海側の小港室津《むろつ》に蒙古の使者が来た。彼らは大宰府を経過すれば京へ入れないために、大宰府を避けたと思われる。蒙古騒動が起こって新たに設けられた長門探題府は、大宰府や鎌倉に連絡して指図を仰いだが、幕府は蒙古の使者を京を通過させずに鎌倉に呼び寄せると、九月七日に、礼部侍郎杜世忠《とせいちゅう》（蒙古人）、兵部侍郎何文著《かぶんちょ》（中国人）、計議官サトルウッジン（ウイグル人）、書状官果（トルコ人）、訳語郎徐賛《じょさん》（高麗人）らを龍ノ口で斬って晒《さら》した。

弘安の役

幕府はふたたび蒙古が押し寄せるに違いないと想定し、九州の武士たちの所領の持高、出陣できる一族や従者の氏名と年齢、武器の種類と数量、領内の船舶数を報告させている。

幕府は御家人だけでなく九州に所領を持つ者全員に、所領一段《たん》について一寸の割り当てで博多湾に石塁を築かせた。この石塁は東は宗像《むなかた》郡勝浦《かつうら》から、西は志摩《しま》郡今津の草場山《くさばやま》までの二五里一四町余（一里＝三六町、一町＝一〇九・〇九メートル）の距離を、高さ六〜七尺（一尺＝三〇・三センチ）、上部の幅五〜六尺、底部は約一〇尺に石を積み上げ、海側は直角に近い角度で、内側は馬で駆け上れるゆるやかな傾斜にして、石塁の上部には遮蔽《しゃへい》と地固めに松などを植えている。

フビライは一二七六年に南宋征服を完成させ、翌年から東南アジアの緬甸《ビルマ》や爪哇《ジャワ》の征服に転じ、この作戦に目途《めど》がつくと日本遠征を実行することになった。

こういう時期にも日本から大陸へ交易船が向かっており、フビライも日本の船が来て交易をするなら許してやれと命じていた。したがって弘安《こうあん》二年（一二七九）に、前年に入寂《にゅうじゃく》した蘭渓道隆の次の建長寺の住持に、時宗が求めた無学祖元《むがくそげん》を招くことも可能であった。

時宗は座して敵を待つより、いっそこちらから押しかけようと計画し、鎮西奉行少弐景資に進んで異国を討てと命じていた。民間交易船からの情報によって蒙古の第二次来襲計画は弘安四年（一二八一）の四月頃と容易に判明し、外征計画は中止して防守に専念することにした。それでも、文永の役で蹂躙された対馬や壱岐の民や肥前の松浦《まつら》党などが、頻繁に朝鮮半島南部に上陸して略奪をしたようである。

蒙古軍は想定通りの、弘安四年（一二八一）の五月二十一日に対馬を襲撃した。六月六日には博多湾の入口の志賀島《しかのしま》に来寇《らいこう》し戦闘が開始された。小舟で夜襲をかける日本勢は戦果をあげていたが、蒙古軍が船を鎖で繋いで防戦するようになると、日本勢も被害を大きくしていた。だが、日本勢の戦闘意欲は旺盛で、伊予水軍の頭目河野通有《こうのみちあり》は、自船を敵の大船に横付けにして乗り込み、被害を出しながらも敵将とおぼしき者を生け捕りにしている。

蒙古軍の一部は長門を襲ったが上陸できず、本隊と合流して壱岐に退去した。これは高麗から出航した東路軍四万二〇〇〇の兵と軍船九〇〇艘で、中国南部から出航した南宋の降兵を主とする江南《こうなん》軍一〇万の兵、軍船三五〇〇艘と合流する予定だったのである。

少弐景資と資時の親子は、肥前《ひぜん》の竜造寺《りゅうぞうじ》、薩摩《さつま》の島津《しまづ》、松浦《まつら》党を率いて壱岐に向かい、六月二十九日と七月二日に激戦を展開した。この時に資時をはじめ、多くの者が壮絶な最期を遂げているが、蒙古軍の上陸を許さなかった。江南軍が五島列島に到着しはじめたので東路軍は五島に向かったため、少弐景資は壱岐を引き上げて博多に帰った。

蒙古軍は松浦党の根拠地である鷹島に集結し、七月二十九日に博多に向かうとする前夜に松浦党が襲い、多数の船に損傷を与えていた。

この松浦党の攻撃は日本の運命を変えた。蒙古軍が船舶の修理に追われていた三十日の夜から翌日の早朝にかけて、蒙古艦船を再び大暴風雨が襲ったのである。

蒙古艦船の大半は海に呑まれ、島の周囲の海面は砕けた船の残骸に覆われ、溺死者は重なり合って島のようになっていた。日本勢は海路と陸路から残敵掃討をし、全捕虜数千のうちで、宋人は長い間のよしみで命だけは助けられたが、宋人以外の捕虜は博多の那珂川《なかがわ》などで斬ったのである。

江南軍の一部は平戸《ひらど》に留まっていたので船団は無傷で残っていた。船団の将の張禧《ちょうき》はあくまで戦おうと主張したが、鷹島から逃れてきた范文虎《はんぶんこ》らの諸将は戦意を喪失しており、破船を修理して帰国してしまったので、張禧も敗兵を収容して帰途についた。

しかし、元寇後には、執権北条時宗の

時宗が葬られた円覚寺

もとに、御家人などから恩賞請求や訴訟が殺到し、くわえて再々度の元軍襲来に備えて国防を強化するなど、いくつもの難題が積み重なっていた。病床についた時宗は、弘安七年（一二八四）四月四日には出家し、同日に三四歳の若さで死亡した。自らが開いた鎌倉山ノ内の円覚寺《えんかくじ》に葬られた。

霜月《しもつき》騒動

時宗の嫡男で一三歳の貞時《さだとき》が九代執権を継いだ。だが貞時に兄弟がなく、父の実弟宗政《むねまさ》など有力親族が早世していたため、貞時を支える藩屏《はんぺい》がなかった。そのため、幕政は貞時の外伯父で有力御家人の安達泰盛が掌握した。

得宗家は幕府内で専制化を進めていたが、安達泰盛ら御家人は抵抗していた。得宗が幼い貞時になって、泰盛は幕府の礎である御家人制度の再興に力を注ぐ。その結果、必然的に得宗家の勢力を削いでいた。そのため得宗家の内管領であり、貞時の乳母夫である平頼綱ら御内人の反安達勢力との対立が激化した。

時宗が死亡した翌年の弘安八年（一二八五）、平頼綱は兵を召集できる侍所所司にもなっており、安達泰盛の子宗景《むねかげ》が源姓を称したことで、将軍になる野心があると貞時に讒言して泰盛討伐の命を得た。この動きに泰盛が気付いたときには頼綱方の準備は完了しており、十一月十七日の昼頃に泰盛が貞時邸に出向くと、貞時邸に兵を隠していた平頼綱ら御内人らと合戦になった。このとき将軍御所は延焼し、合戦は得宗方の先制攻撃を受けた安達方は敗北した。泰盛とその一族五〇〇余名が自害して果てた。

頼綱方の追撃は、安達氏の基盤であった上野や武蔵だけでなく、騒動は全国に波及して泰盛派の御家人の多くが討たれたのである。これを霜月《しもつき》騒動という。

安達泰盛の与党には、足利氏の一族の吉良満氏《きらみつうじ》や三浦、武藤、伊東、二階堂など、古くからの御家人が多く、没収された所領は元寇に対する恩賞として分け与えられた。

蒙古の第三次日本遠征計画

元では二度の日本遠征は、大暴風雨によって艦船が破壊されたもので、戦いによって敗れたとはしていなかった。日本をこのまま放置することは、皇帝フビライの自尊心が許さず、日本に朝貢させるため禅僧の愚渓如智《ぐけいにょち》を派遣しようとするが、彼は日本に到達できなかった。

弘安五年（一二八二）七月に、元は高麗の忠烈《ちゅうれつ》王から一五〇隻の艦船が献上されたため、第三次日本征討の機運が高まって各地に艦船の建造が命じられた。

十月には七〇〇隻の艦船が海に浮かんだが、元の国内ではインフレになっていることもあり、また、江南の暴動や元朝内部の反乱があり、フビライ自身がジャワ島に遠征していたことも重なって、第三次日本遠征計画は挫折している。

永仁《えいにん》二年（一二九四）二月にフビライが死亡すると、跡を継いだテルム（成宗《せいそう》）は父の夢を実現させようと、正安《しょうあん》元年（一二九九）に禅僧一山一寧《いっさんいちねい》に国書を持たせて日本に派遣した。執権北条貞時は一山一寧が高僧であることを知っており、そのまま日本に留めて優遇し、後に建長寺の僧としてしまう。元の日本征服の野心はふたたび失敗に帰している。

その後も、正安三年（一三〇一）十一月には、薩摩国の甑島《こしきじま》に一艘の異国船が着岸した。海上には二〇〇艘ばかりの船が見えていたが、大風が吹きはじめると異国船は姿を消してしまったということもあり、日本では戦時体制を解くことができなかった。

平禅門《へいぜんもん》の乱

安達泰盛を倒し政権を握った平頼綱は、得宗権力を強化する施策を行なったが、重要政務の執事書状を得宗花押《かおう》がないまま発給し、自身の専制を強化していた。頼綱が一族を要所に配して恐怖政治で支配するようになると、幕府内部は不満に溢れ執権貞時を悩ませた。

正応《しょうおう》六年（一二九三）四月十三日、関東一円を大地震が襲い、鶴岡八幡宮や将軍御所などが倒壊し、建長寺は蘭渓道隆の御影堂を残して全焼した。死者は二万三〇〇〇人におよんだ。四月二十二日、頼綱が次男飯沼助宗《いいぬますけむね》を将軍にする野心を持ったとして、貞時の軍勢が頼綱の経師ヶ谷《きょうじがやつ》の邸（現在の材木座四丁目にある谷で、日蓮宗実相寺が建つ付近）を急襲した。頼綱は自害し、次男飯沼助宗ら一族は滅ぼされた。これを平禅門《へいぜんもん》の乱という。

貞時は頼綱の一族の長崎光綱《ながさきみつつな》（長崎円喜《えんき》の父）を新しい内管領に据えた。御家人の勢力を抑えて権力の一極集中を狙ったことで、執権政治の理念であった合議制は終了した。

崩壊が兆《きざ》した鎌倉幕府

蒙古の来襲によって日本全国が大変革した。

幕府は、九州に所領を持つ御家人と非御家人を問わず武士であれば動員し、一段の田畑も見逃さずに石塁の築造を課していた。蒙古の脅威は恒久的なもので、幕府は勅許による武士の召集に切り替えていた。

また、長期間にわたっての戦時体制は幕府財政を苦しくさせていた。実際に戦場に赴いた武士だけでなく、全国の寺社に祈禱修法を依頼し、それによって吹き起こった神風であると当時は考えられたため、それにも恩賞を与えねばならなかったのである。だが、この戦いで一寸の土地を得たわけではなく、必然的に重税を課して捻出《ねんしゅつ》するしかなかった。鎌倉幕府の治世に入ってから、生活が向上していた御家人たちが窮乏《きゅうぼう》しはじめ、幕府は御家人保護の政策をとって、売られた所領は売値で買い戻す令を出したが、買い手に不利な令では買う者がいなくなって、御家人の借金の道はいっそう塞《ふさ》がれた。その上に御家人たちには蒙古来襲によって金のかかる軍役などがあり、所領を失う者が増えて幕府の土台が揺らいできていたのである。

永仁五年（一二九七）三月、幕府は土地に限らず一切の貸借を破棄する「徳政令《とくせいれい》」を命じた。だが、これも一時的な効果しかなく、幕府の滅亡までに二度も出すようになり、御家人の窮乏は明らかである。

御家人の所領を買った者としては、一つには豊かな御家人があり、彼らはますます豊かな豪族になって、幕府を脅かす存在にまでなっていった。もう一つには、凡下《ぼんげ》といわれて何らかの方法で財を蓄えた者で、彼らは在地領主になって武力も備えるようになる。この在地武士団は、凡下仲間や在地の御家人と結んで荘園に乱入したり、年貢などを奪って「悪党《あくとう》」と呼ばれ、鎌倉幕府の御家人制度を根底から破壊するものであった。

二つの皇統

仁治三年（一二四二）一月に、後堀河の子四条天皇が崩御すると、宮中では鎌倉幕府が誰を推挙するかと噂し、後鳥羽上皇の嫡孫である忠成王《ただなりおう》（順徳上皇の皇子）を候補とした。

使者に立つ安達義景が、執権義時に「後鳥羽上皇側の順徳天皇の皇子が即位したら、どうしますか」と尋ねたときに、義時は「そのときは皇位から降ろしてしまえ」と答えたことがあった。安達義景は、同じ後鳥羽の嫡孫でも、庭には雑草が生い茂り門も歪《ゆだ》んだ邸に住み、人に忘れられた存在の、二三歳の邦仁王《くにひとおう》の御所を訪れたのである。

後嵯峨天皇となった邦仁王は土御門の皇子で、土御門は承久の乱に関与していないが、父の後鳥羽が遠流されるのに京にいては忍びないと、自ら申し出て土佐国に流されていた。邦仁王は後鳥羽の后承明門院《しょうめいもんいん》に育てられたが、訪れる者もない頼りない生活であった。

このようにして皇位に就いた後嵯峨は、万事幕府の意のままになっていたが、寛元四年（一二四六）には皇太子の久仁《ひさひと》親王に譲位し、四歳の久仁親王は後深草《ごふかくさ》天皇となった。病弱な後深草も正元《しょうげん》元年（一二五九）十一月には同母弟に皇位を譲り亀山《かめやま》天皇となる。その異母弟が六代将軍の宗尊親王である。

上皇は後嵯峨と後深草の二人になったが後嵯峨が主導していた。後嵯峨上皇は財産分けと次期「治天の君」について幕府に任せると遺言しており、文永九年（一二七二）の二月騒動のあった直後に、後嵯峨が崩御した。

先例にしたがえば後深草が院政をしくことになるが、幕府も一任されては責任が重すぎるため、後深草と亀山の母后である大宮院姞子《おおみやいんきっし》に後嵯峨の遺志を問い合わせた。

大宮院は「故院の御意志は当今《とうぎん》にあった」と答えたので、後嵯峨の遺志は実行に移され、亀山天皇が親政することになった。だがこのとき、亀山天皇は後深草が守り刀とする坂上田村麻呂《さかのうえたむらまろ》の佩刀《はいとう》を取り上げたため、朝廷では後深草系の持明院統《じみょういんとう》と亀山系の大覚寺統《だいかくじとう》の皇統が憎悪しあって、皇位争いを繰り返し、南北朝の騒乱の一因となるのである。

皇統が一つであれば後鳥羽上皇のような絶対者が生まれやすいが、複数の皇統で牽制し合えば天皇の権力は低下し、幕府が制御しやすいと考えたのかもしれない。

南北朝期の皇室系図

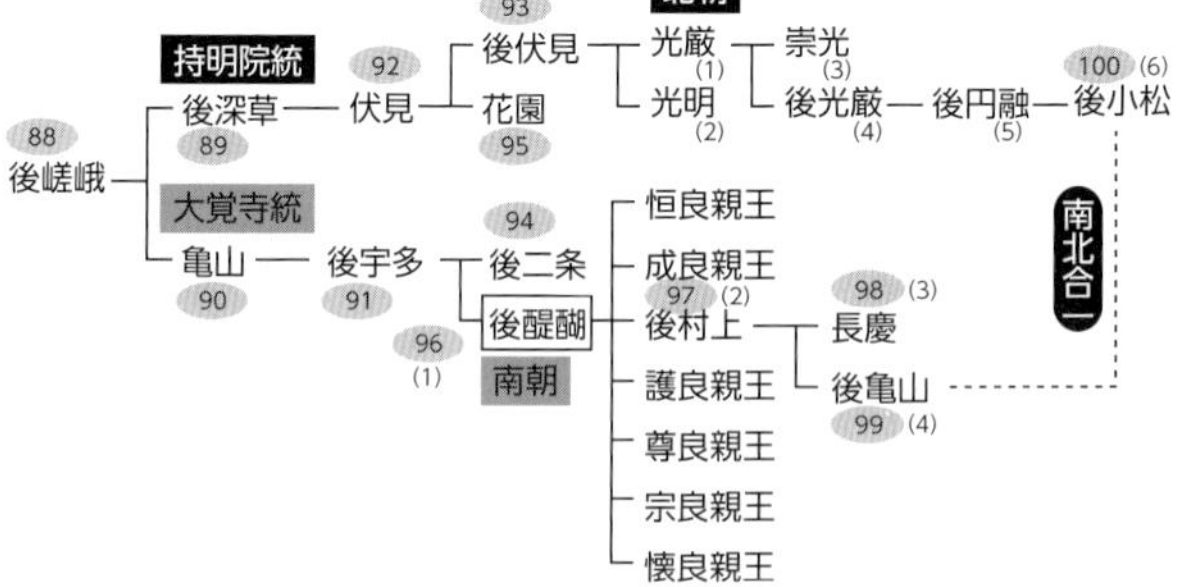

両統にはそれぞれ権勢欲のある公卿が付き、互いに相手を中傷して幕府に訴えるなどしたため、執権貞時は両統が一〇年交替で皇位に就くという制度を提案し、両統とも時期を待てばいずれ皇位に就けると納得していた。

だが、両統ともその時期を早めようと考えるようになり、ふたたび相手を中傷して幕府に訴えた。文《ぶん》保《ぽう》元年（一三一七）四月には幕府が介入し、翌年三月に持明院統の花園《はなぞの》天皇の譲位を受けて、大覚寺統の後宇多《ごうだ》天皇の第二皇子尊治《たかはる》親王が三一歳で即位し、後醍醐《ごだいご》天皇となった。後醍醐は自己の子孫に皇位を継がせることができない不満を募らせ、それが両統迭立《てつりつ》による皇位継承を承認している幕府への反感となっていく。

後醍醐の倒幕計画

正中《しょうちゅう》元年（一三二四）九月、後醍醐天皇による

葛原ヶ岡にある日野俊基の墓

鎌倉幕府打倒計画が発覚した。六波羅探題は三〇〇〇騎の武士で美濃の多治見国長《たじみくになが》、土岐頼兼《ときよりかね》の屋敷を囲んだので、両人は自刃した。その夜、天皇側近の日野資朝《ひのすけとも》と日野俊基《としもと》が六波羅に出頭すると逮捕し、鎌倉に送った。これを正中の変という。

後醍醐は自分は陰謀に関与していないとする弁明の使者として、権大納言万里小路宣房《までのこうじのぶふさ》を鎌倉に送った。宣房は安達時顕《ときあき》と長崎円喜の尋問に恐懼《きょうく》し、後ずさりして部屋の板敷きの外まで出てしまい笑い者になっている。得宗高時《たかとき》を後見していた安達時顕《ときあき》は、霜月騒動で滅んだ安達泰盛の弟顕盛《あきもり》の子孫であり、長崎円喜は平禅門の乱で粛正された平頼綱の弟長崎光盛の子孫であった。この二人が実質的に幕府を動かしていたのである。

幕府は朝廷に対して絶対的な優位を確信しており、宣房を脅かしておけば十分とばかりに、鷹揚《おうよう》に対応して後醍醐を不問に付したが、このとき後醍醐をはっきりと断罪しておかなかったことが、幕府を滅亡の流れに向かわせていった。

後醍醐はその後も密かに倒幕を志し、元徳二年（一三三〇）には中宮の御産祈禱として密かに関東調伏の祈禱を行なっている。さらに元弘《げんこう》元年（一三三一）八月、度重なる後醍醐の倒幕計画が側近吉田定房《よしださだふさ》の密告により発覚した。身辺に危険が迫った後醍醐は急遽《きゅうきょ》三種の神器を持って笠置山《かさぎやま》（京都府相楽郡笠置町）に籠城する。この時、河内の悪党とされる楠木正《くすのきまさ》成《しげ》は、後醍醐に同調して赤坂《あかさか》城に挙兵した。

幕府は北条一族の大佛貞直《おさらぎさだなお》と金沢貞冬《さだふゆ》に二〇万の大軍を率いさせて上洛させ、九月二十日には笠置山を陥し、その余勢を駆って赤坂城に殺到した。楠木勢は奮戦したが十月二十一日に赤坂城は陥落し、正成も自害したと伝えられる。後醍醐は捕えられ、翌元弘二年（一三三二）三月に隠岐《おき》へと流された。これを元弘の乱と呼ぶ。

後醍醐の皇子護良《もりよし》親王は天台座主に就いていたが、武芸を好んで後醍醐の倒幕計画に賛同していた。彼は比叡山の勢力を動員しようとしたが失敗し、幕府の探索から逃れて潜伏していた。後醍醐が配流された間にも、各地の反幕勢力に倒幕の令旨を発給し、元弘二年（一三三二）十一月には吉野で挙兵した。

それに呼応して、姿を隠していた楠木正成は、金剛山《こんごうさん》全体を要塞化して千早《ちはや》城に立て籠もった。正成は千早城を包囲する幕府軍に丸太や巨石を

皇居前にある楠木正成の像

落とし、ときには糞尿まで敵軍に撒き散らすという奇想天外な戦法で、幕府軍の攻撃をかわして千早城を死守した。

正成の奮闘は、各地の倒幕軍に勇気を与え、反幕勢力は確実に拡大していった。

播磨の土豪赤松則村《あかまつのりむら》は、元弘三年（一三三三）一月には護良親王の令旨に答えて苔縄城《こけなわ》（兵庫県上郡町《かみごおり》）で兵を挙げ、摂津国摩耶城《まや》（神戸市）に進出して六波羅軍などの幕府勢力を攪乱している。

吉野に立て籠もった護良親王は、閏二月には数万の幕府軍に攻撃され、村上義光《よしてる》が親王の身代わりになって攻撃軍を引き寄せている間に、高野山へと落ち延びていった。

後醍醐は伯耆国《ほうき》で海運業を営む悪党の名和長年《なわながとし》

後醍醐は名和長年の協力によって隠岐を脱出した

ら名和一族を頼って隠岐島から脱出し、船上山《ふながみやま》（鳥取県東伯郡《とうはく》琴浦町《ことうら》）で挙兵した。これを追討するため幕府は有力御家人の足利高氏《たかうじ》を派遣した。

高氏は鎌倉を出るときに造反の決意をしており、入洛して挙兵の機会をうかがっていた。赤松征伐に向かった名越高家《たかいえ》が敗死したと聞き、四月には所領の丹波国《たんば》篠村《しのむら》（京都府亀岡市《かめおか》）の八幡宮社頭で反幕府を鮮明にし、諸国に軍勢督促状を発した。

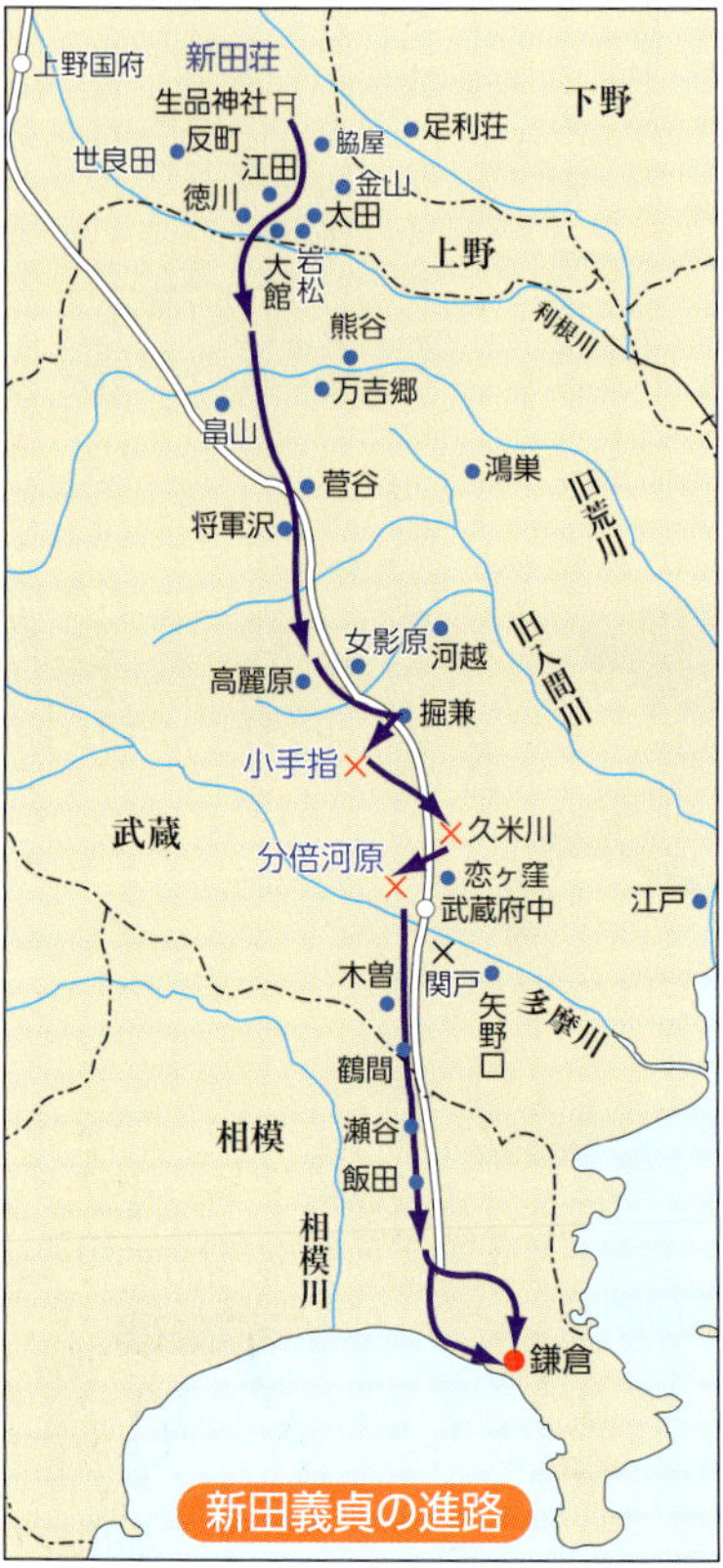

五月七日には、高氏は赤松則村や後醍醐の近臣千種忠顕《ちぐさただあき》らを糾合して京に攻め入り六波羅探題を攻略した。

六波羅探題の北条仲時《なかとき》は光厳《こうごん》天皇、花園上皇、後伏見《ごふしみ》上皇をともなって関東に向かったが、五月九日に近江国の番場宿《ばんばのしゅく》（滋賀県米原市《まいばらし》）で、佐々木道誉《どうよ》の命を受けた野伏《のぶせり》に行く手を阻まれた。

仲時の一行は数次にわたって野伏の攻撃を振り切ったが力尽き、番場の辻堂で一族四三二人とともに自刃した。佐々木道誉は光厳天皇を保護し、三種の神器を預かっている。

分倍河原にある新田義貞の像

この頃、関東では上野の新田義貞《にったよしさだ》が挙兵した。新田と足利はともに源義家の子義国《よしくに》の後裔である。幕府は大豪族の足利には気遣い、代々四位

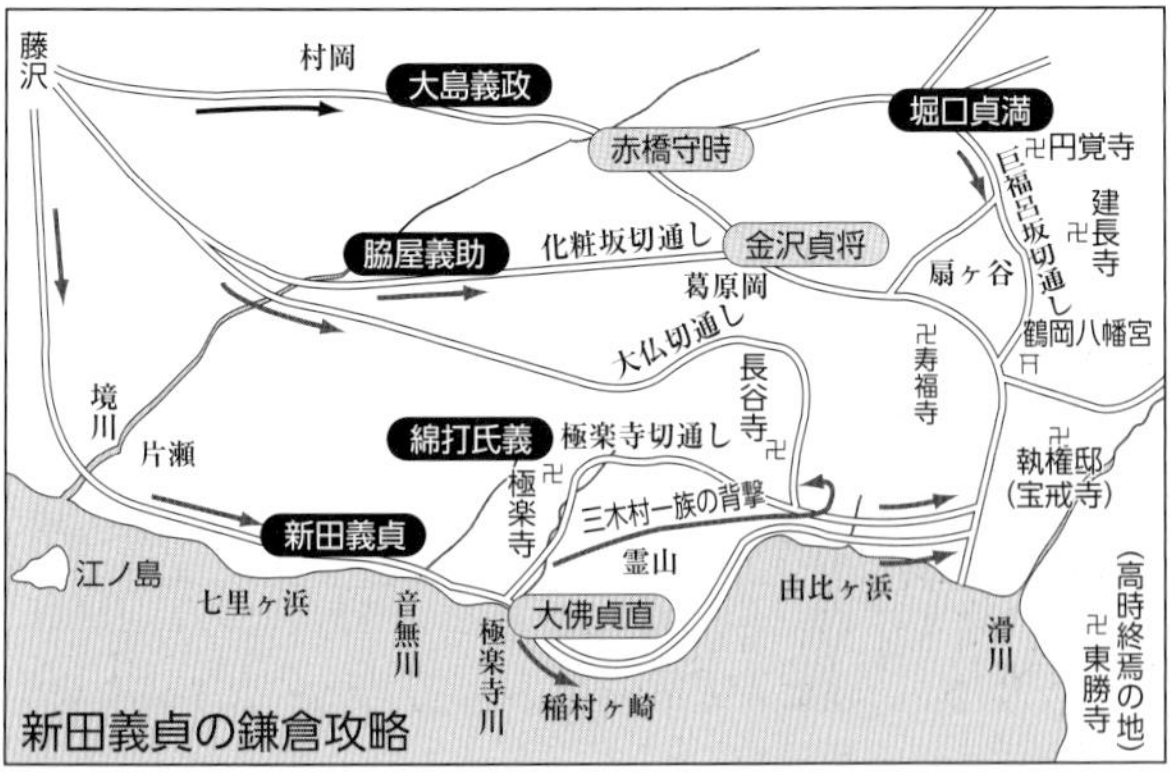

の官位をもらってやり、当主の高氏の妻は執権赤橋守時《あかばしもりとき》の妹で、北条一門同然としていた。それに比べて、義貞は無位無冠の小豪族で、当初は楠木正成討伐軍に参加していたが、幕府が軍資金調達に新田荘に莫大な税を課したため、病気を理由に帰国し、幕府への不満から挙兵したのである。

義貞は越後、信濃、甲斐の一族や幕府に不満を持つ御家人たちを糾合し、鎌倉を目指して南下した。利根川を渡って武蔵国に入ると、二〇〇ほどの手勢に守られ鎌倉を脱出してきた足利高氏の嫡男千寿王《せんじゅおう》を収容した。鎌倉に人質として留められた足利高氏の妻子は、五月二日の夜に逃亡していたのである。

各地から軍勢が集まったので、義貞の軍は二〇万騎に増大し、小手指原《こてさしのはら》で桜田定国《さくらださだくに》を大将とする幕府軍と衝突した。幕府軍は分倍河原《ぶばいがわら》まで退却したが北条泰家《やすいえ》を大将とする新手が加わっており、五月十五日未明に攻撃を仕掛けた義貞は敗れ、堀兼《ほりかね》に退却した。ここで義貞には三浦一族の大多和良勝《おおたわよしかつ》ら相模の武士たちが加勢し、関戸《せきど》

新田義貞軍は潮の引いた稲村ヶ崎を渡り鎌倉市内に突入した

の戦いでも幕府軍を打ち破って相模に入ると、下野、下総、陸奥、出羽からの軍勢も勢力下にした。

鎌倉を目前にした義貞は、主力を化粧坂《けわいざか》に置き、極楽寺口と巨福呂《こぶくろ》坂口の三方から鎌倉市内に侵攻しようとするが、幕府側も防衛線を固めて容易に突破できなかった。

二十一日に義貞は、潮が引き干潟になった稲村ケ崎《いなむらがさき》を渡って鎌倉市内に突入すると、巨福呂口坂の防衛線も破れ、東日本最大の都市鎌倉は火の海に包まれた。

元弘三年（一三三三）五月二十二日、得宗北条高時ら北条一族二八三人は、菩提寺の東勝寺《とうしょうじ》で家臣の八七〇人とともに自刃し、鎌倉幕府は滅亡したのである。

北条一族の最期の場所となった東勝寺跡

高時の腹切りやぐら

五章　足利時代の鎌倉

本覚寺楼門

義貞の鎌倉放棄

鎌倉を陥落させた新田義貞は勝長寿院《しょうちょうじゅいん》に本陣を置き、足利千寿王は二階堂の永福寺に布陣していた。義貞は後醍醐天皇に幕府を打倒したことを伝える使者を送り、しばらくは戦後処理に奔走し、元弘三年（一三三三）五月二十八日には、義貞の執事船田義昌《ふなだよしまさ》が、高時の嫡男北条邦時《くにとき》を捕え斬首している。

後醍醐天皇が京に還幸《かんこう》し、論功行賞が行なわれることを知った諸将は、七月に入ると上洛してしまい、さらに無官の義貞より、従五位上治部大輔《じぶのたいふ》である足利高氏の方が武士の人気は高く、武士たちは高氏の子である千寿王のもとへ集った。

高氏は千寿王の支援に細川和氏《かずうじ》・頼春《よりはる》・師氏《もろうじ》の三兄弟を鎌倉に派遣したので、鎌倉の街中で新田と足利の武士同士が騒擾《そうじょう》を起こすようになり、義貞は八月初頭に鎌倉を去って上洛した。義貞が鎌倉を去ったことで、鎌倉は足利氏が統治することになった。

建武《けんむ》の新政《しんせい》

帰京した後醍醐は、光厳天皇の皇位を否定し親政を開始する。建武の新政である。六波羅攻撃を主導した足利高氏は従三位に叙されて武蔵守に任官し、鎮守府将軍に任ぜられ、天皇の諱《いみな》〝尊治《たかはる》〟から尊の一字を与えられ高氏を〝尊氏〟と改めた。上洛した新田義貞も従四位上に叙されて左馬助《さまのすけ》に任官したが、新田と足利の差は歴然としたものがあった。

尊氏ら足利勢力を警戒した護良親王は、奈良の信貴山《しぎさん》に拠《よ》って尊氏を牽制していたため、後醍醐は妥協策として護良親王を征夷大将軍に任じた。

後醍醐は絶対的権威を示すため、すべての土地領有は綸旨《りんじ》によってのみ再確認するとした。そのために各地の武士たちが、証拠の書類を持って京に殺到したため、北条氏の所領のみに限定し、九月には雑訴決断所《ざっそけつだんしょ》を設置して訴訟に対応させた。

十月には、北条得宗の奥羽の広大な所領と武士を、建武の政権が把握するために、北畠《きたばたけ》

足利氏略系図

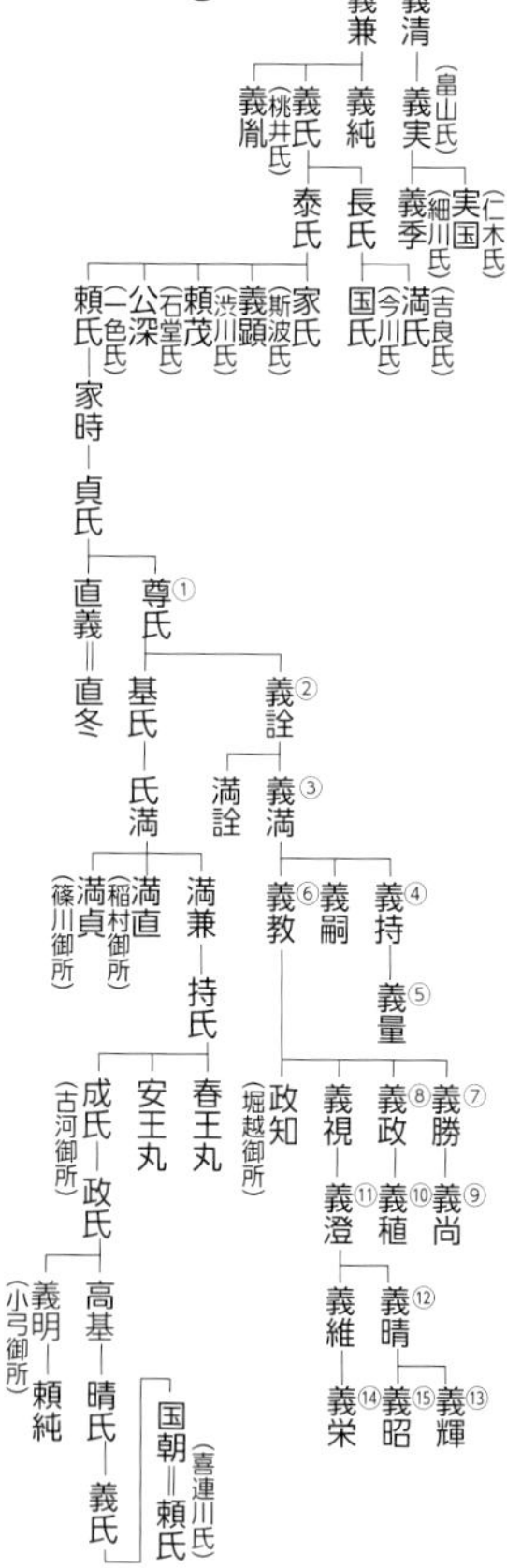

顕家《あきいえ》が鎮守府将軍・陸奥守に任じられ、義良《のりよし》親王（後の後村上《ごむらかみ》天皇）を奉じて陸奥国へ向かった。十二月には、関東十カ国の武士を管轄するため、尊氏の弟の足利直義《ただよし》が成良《なりよし》親王を奉じて鎌倉へ派遣され、鎌倉将軍府が成立する。

翌元弘四年（一三三四）になると、親政に対する民衆の不満が噴出した。

朝廷は大内裏《だいだいり》の造営を計画し、費用の捻出に全国の地頭や御家人から収益の二〇分の一を徴収しようとした。これが農民に転化されるのは明らかで、その激しい反発をまねいたため、朝廷は「民衆なお疲弊す」という常套句を発して大内裏の造営を断念する。

また、若狭《わかさ》国太良荘《たらしょう》の農民が地頭代官の非法などを領主の東大寺に訴えたが、東大寺から誠意ある回答がないため、結束して代官排斥に立ち上がった。その起請文に「明王聖主《めいおうせいしゅ》の御代《みよ》となったのに、北条支配より生活が苦しくなった」とあるとおり、彼らは民衆の生活と遊離した建武の新政の本質を見抜いていたのである。

護良親王を祀る鎌倉宮

鎌倉宮に安置する護良親王像

護良親王は六月に堂々と入京したが、親王の発していた令旨《りょうじ》には領地の加増などが謳《うた》われており、それを受けた武士らがその履行を求めてきた。後醍醐は護良親王の令旨を否定して、その征夷大将軍職を解任する。

十月になって護良親王の尊氏暗殺計画が発覚した。尊氏は後醍醐に親王の処罰を要求したので、護良親王は名和長年や結城《ゆうき》親光《ちかみつ》らに捕えられた。これは後醍醐が尊氏を追い落とすために護良親王と組んだが、護良親王の勢力は尊氏の敵ではないため、すべての罪を護良に被《かぶ》せたとする説もあり、後醍醐は我が子をも簡単に裏切る策士的な性格だった。

護良親王の身柄は足利方に引き渡されて鎌倉へ送られ、尊氏の弟直義の監視下に置かれた。

護良親王の墓

中先代《なかせんだい》の乱

建武の新政権の成立直後から、各地の北条一族の残党が反乱を起こしていたが、これらは大事にいたらずに鎮圧されていた。だが、建武二年（一三三五）六月、関東申次《もうしつぎ》を務め北条氏と縁の深かった西園寺公宗《きんむね》らが、北条高時の弟泰家《やすいえ》を屋敷に匿《かくま》い、持明院統の後伏見《ごふしみ》法皇を奉じて政権転覆を企てる陰謀が発覚した。公宗は後醍醐暗殺に失敗して誅殺されたが、泰家は逃れて各地の北条残党に挙兵を呼びかけた。

鎌倉幕府の滅亡後、高時の遺児北条時行《ときゆき》は、信濃の御内人の諏訪頼重《すわよりしげ》に匿われて潜伏していたが、泰家に呼応して挙兵した。七月十四日には小笠原貞宗《おがさわらさだむね》を破って信濃を手中に収める。さらに北陸で、北条一族の名越時兼《なごえときかね》が挙兵した。

関東に残存する北条氏の勢力が時行軍に加わり、小手指原や府中で足利軍を破って鎌倉に迫ると、直義は鎌倉を放棄することを決断した。しかし直義は護良親王が時行によって奉じられることを恐れ、監禁していた護良親王を家人の淵辺義博《ふちのべよしひろ》に殺害させ、千寿王とともに成良親王を奉じて三河に逃れた。これを中先代《なかせんだい》の乱という。

足利尊氏は直義救援軍の出陣にあたって、後醍醐に征夷大将軍と総追捕使《そうついぶし》に任じられるよう要請したが、後醍醐は尊氏の野望を察知して拒否し、この職を成良親王に与えた。

尊氏は無断で鎌倉に向かい三河矢作《やはぎ》宿で直義軍と合流した。足利兄弟の軍は遠江橋本、小《さ》夜《よ》の中山《なかやま》、駿河国府で時行軍を破り、箱根山、相模川の戦いでも時行軍に壊滅的な打撃を与えて、鎌倉へと追い詰めた。

建武二年（一三三五）八月十九日、時行は信濃に落ちていったが、諏訪頼重らの武将は勝長寿院で自刃し、足利尊氏は北条時行の起こした乱を鎮圧して鎌倉に入る。

尊氏は征夷大将軍を自称して武将たちに恩賞を与え、後醍醐天皇の帰京命令を無視して鎌倉に居座った。尊氏は若宮大路御所の跡地に屋敷を新造し、執事の高《こうの》師直《もろなお》以下の家臣たちはその周囲に宿所を構えた。

尊氏は十一月には、新田義貞を君側の奸《かん》として後醍醐に討伐を要請すると、上《うえ》杉憲房《すぎのりふさ》を義貞の所領のある上野国に、斯《し》波家長《ばいえなが》を陸奥国に向かわせ、直義は義貞

●護良は「もりよし」か「もりなが」か

後醍醐天皇の皇子の名には「良」が用いられ、その読みは「なが」と「よし」の両様に読まれてきた。一条兼良《いちじょうかねよし》が写本した『諱訓抄《いくんしょう》』には「護良」に「モリナカ」と仮名が振ってあり、良を「なが」と読むのが江戸時代後期からは一般的となった。

明治維新後に南朝忠臣顕彰の風潮が興り、護良親王を祀る鎌倉宮などが創建されたが、これらの神社では祭神名を「なが」と読んでいる。また、大正四年（一九一五）に宮内省書陵部が編纂した『陵墓要覧《りょうぼようらん》』でも「なが」と読ませている。

一方、歴史学者の八代国治《やしろくにじ》や平田俊春《ひらたとしはる》らは、写本の多い『諱訓抄』で「モリナカ」の読みがあるものは、天和《てんな》元年（一六八一）のものが最古で、一条兼良が生きた室町時代まで遡れるか疑問だとし「良」を「よし」と読む説を発表した。また、後醍醐天皇と政権を争った光厳天皇の曾孫後崇光院が写本した『増鏡《ますかがみ》』には、「世良」に「ヨヨシ」「尊良」に「タカヨシ」と振り仮名するものがある。

平成二十年（二〇〇八）度の高校日本史Bの教科書では、護良親王には「もりよし」と表記され、一部はカッコ付きで「もりなが」の読みも併記している。

を討つとして全国に動員令を発した。

ところが、後醍醐は義貞に尊氏討伐を命じ、尊良《たかよし》親王をともなわせた。北畠顕家も兵を率いて奥州から南下をはじめると、尊氏は赦免《しゃめん》を求めて鎌倉の浄《じょう》光明寺《こうみょうじ》に入って謹慎した。だが、直義や高師直などの足利方が各地で劣勢となると、尊氏は「直義が死ねば自分が生きていても無益である」と、後醍醐に叛旗《はんき》を翻《ひるがえ》すことを決意して出馬した。

十二月、尊氏は新田軍を箱根・竹ノ下で破り、京へ軍を進めた。この間に尊氏は持明院統の光厳上皇と連絡を取り、自らの正統性を得る工作をしている。

建武三年（一三三六）正月、尊氏は入京すると、後醍醐は比叡山へ退いて機会をうかがった。、ほどなく奥州から上洛した北畠顕家に楠木正成と新田義貞らが宮方《みやかた》として加勢し、尊氏から京を奪還した。

●楠木正成

『吾妻鏡』に源頼朝が上洛するときの従者に楠木《くすのき》四郎の名があり、この人物が楠木氏の祖と思われる。鎌倉幕府が鶴岡八幡宮に寄進した所領に駿河国入江荘楠木村の記録があり「楠木」をいう北条得宗家被官の存在が想定できる。

楠木氏は河内国観心寺《かんしんじ》の得宗領の地頭職にかかわって、当地に移ったと推測され、楠木正成は元亨《げんきょう》二年（一三二二）には得宗北条高時の命で紀州の湯浅《ゆあさ》氏を討ち、阿弖河《あてがわ》荘を与えられたという記録もあり、ただの悪党ではなかったと思われる。

また、正成の父は楠木入道正遠《まさとお》とされ、その娘は伊賀国杉ノ内の服部信清《はっとりのぶきよ》に嫁いでおり、その三男が観世清次《かんぜきよつぐ》（観阿弥《かんあみ》）で、その子が世阿弥《ぜあみ》である。正成が赤坂や千早に幕府の大軍を引きつけたときに、敵を欺《あざむ》くゲリラ戦法を駆使したが、これには忍者の系統である服部氏からの援軍があったと思われるのである。

尊氏は赤松則村の進言を容《い》れて九州に逃れ、少弐《しょうに》氏や宗像《むなかた》氏に迎えられた。だが、九州の諸豪族の大半は日和見《ひよりみ》で、肥後の菊池《きくち》氏や阿蘇《あそ》氏が加わる宮方が有利と見て味方していた。宮方の軍勢は博多を攻め、少弐氏の本拠太宰府を襲撃して陥落させた。

建武三年（一三三六）三月に、尊氏は宮方と筑前の多々良浜《たたらはま》で戦った。尊氏方は劣勢な兵力でも終始積極的な戦法を取り、宮方に付いた者の寝返りを誘って勝利した。この戦いの勝利により、九州のほぼ全域が足利方となったため尊氏は態勢を整え直すことができた。

尊氏は四月二日に、大船団を率いて博多を出発し、直義が陸路で山陽道を上ると各地から続々と軍勢が集まった。

京を奪還した北畠顕家は奥州軍を率いて多賀城《たがじょう》に帰っており、新田義貞は赤松勢の籠もる白旗《しらはた》城を攻めて時間を空費していた。楠木正成は、「新田勢を京に戻し、天皇は比叡山に退いて敵に京を明け渡し、正成は河内に帰って敵の兵糧を断ち、時期を見て両方面から攻めたなら尊氏を討つことができます」と後醍醐に進言するが受け容れられず、二十五日に湊川《みなとがわ》の戦いに敗れ自刃した。

後醍醐は比叡山に逃れ、これを追って足利直義が山門《さんもん》を攻めた。この戦いで後醍醐の股肱《ここう》の臣《しん》千種忠顕や名和長年、結城親光が戦死した。尊氏は後醍醐に使者を送り、両統迭立《りょうとうてつりつ》を条件に後醍醐の帰還を申し入れた。

後醍醐はこの和睦《わぼく》を受けたが、来るべき時に備えて恒良《つねよし》親王に譲位し、新田義貞に奉じさせて越前に向かわせ、北畠顕家を伊勢に、懐良《かねよし》親王を九州に向かわせて下山している。

尊氏方は後醍醐から三種の神器を預かって花山院《かざんいん》に幽閉したが、後醍醐の皇子成良親王を光明《こうみょう》天皇の皇太子とし、約束を守る方針を見せた。

観応《かんのう》の擾乱《じょうらん》

建武三年（一三三六）十一月七日に、足利尊氏は武家政権の施政方針を定めた「建武式目《けんむしきもく》」を発し、この日が室町幕府創設の日とされる。

建武式目の前文に「幕府をどこに置くべきか」とあり、鎌倉以外の意見が多いなら大勢にしたがうとしている。この式目は尊氏の弟直義の周辺で制作されており、新政権を一貫して主導する直義は、幕府を三河以東に置く理想を持っていた。だが、尊氏の執事高師直らは京都に置くべきとし、幕府の主力をなすのは畿内の武士団であったため、京に決定した。

尊氏は二条高倉の清浄華院《しょうじょうけいん》に住居を構えたが、幕府機能は三条坊門万里小路《ぼうもんまでのこうじ》に置いた。この建物は等持寺《とうじじ》の寺の機能を備え、三代将軍義満《よしみつ》以後に将軍御所を室町《むろまち》に移してからは足利家の菩提寺となった。

尊氏は暦応《りやくおう》元年（一三三八）に征夷大将軍に任じられ、軍事指揮権を行使する侍所や恩賞方を握り、全国の武士を統括した。夢窓疎石《むそうそせき》は尊氏の人物評を、「合戦で命を落としそうになっても怖《おそ》れない。慈悲深く多くの敵を許した。心が広く物惜しみをしない」としている。

二歳下の弟直義は律儀な性格で、政務を担当して執権政治の義時や泰時の時代を理想としており、秩序の維持で安定を目指すが、それを実現するためには強権も辞さなかった。幕府の草創期において、尊氏と直義の二頭政治は機能的に作用していた。

ところが足利家の執事である高師直は、戦いになると強いのだが、恩賞の増加を望む武士に「その辺の荘園を横領しろ」と指示するような乱暴な性格で、秩序を重んじる直義が受け容れられる者ではなかった。

貞和《じょうわ》五年（一三四九）閏六月、直義と師直の間が険悪になり、直義は尊氏に師直を罷免させたが、師直は兵を集めて反抗の姿勢を見せた。そうなると直義が政務から手を引いたので、尊氏は嫡子義詮《よしあきら》を政務統括者とした。

直義は尊氏の庶子直冬《ただふゆ》を養子にしていたが、直冬が九州で勢力を拡大し中国も席巻するようになると、尊氏は直冬討伐に向かった。

観応《かんのう》元年（一三五〇）十月には、直義は大和に出奔して南朝と和睦した。翌年正月に直義が南朝勢力の支援を受けて京に進軍すると、義詮は京を捨て、備前に陣する尊氏のもとに逃走した。二月十七日、尊氏軍と直義軍は摂津の打出浜《うちでのはま》で激戦を展開したが、尊氏は高師直と師泰《もろやす》兄弟を出家させる条件を示し、和睦した。だが、師直と師泰らの高一族は、降人として京へ向かう兵庫あたりで直義の家人上杉能憲《よしのり》によって殺害された。

直義は再び幕府内で政務を管轄するが、尊氏・義詮親子との対立は激化していく、七月、尊氏と義詮は、佐々木道誉《どうよ》、赤松則祐《のりすけ》と計って、東西から直義攻撃の手筈《てはず》を整えた。直義は北陸に逃れ、十一月には直義党の上杉憲顕《のりあき》が守護する鎌倉に入った。

尊氏は南朝と和解して後顧《こうこ》の憂《うれ》いを断ち、鎌倉に向けて軍を発した。東海道の各地で直義軍を破り、正平七年（一三五二）一月に鎌倉に入ると、関東の諸将は尊氏方につき、直義は降伏して浄妙寺《じょうみょうじ》内の延福寺《えんぷくじ》に幽閉された。二月に直義は毒殺され、幕府内の紛争は一応の決着を見た。この騒乱を「観応の擾乱《じょうらん》」という。

こうした幕府方の動揺をついて、新田義貞の子義興《よしおき》と義宗《よしむね》の兄弟が宗良親王を奉じて上野で挙兵した。尊氏には手勢が少なかったが、三男の基氏《もとうじ》を鎌倉に残して武蔵に向かうと、その間隙をついて新田軍は基氏を攻撃し、閏二月十八日に鎌倉の占領に成功した。だが、二十八日に義宗が碓氷峠《うすいとうげ》で敗れると、三月二日には義興も鎌倉を脱出し、北陸に逃れた。

鎌倉公方《くぼう》

貞和五年（一三四九）に尊氏と直義が対立したとき、尊氏が嫡男の義詮を鎌倉から京へ呼び戻し、三男の基氏《もとうじ》を関東統治のために鎌倉府に派遣した。幼い基氏の補佐に関東執事を置き、後に関東執事は関東管領《かんとうかんれい》と呼ばれるようになるが、初期には斯波《しば》氏、畠山《はたけやま》氏が就任し、次第に上杉氏に独占されて、最終的にはこの上杉氏が世襲していく。

鎌倉府は関東一〇カ国を支配する。正平《しょうへい》十三年（一三五八）四月に足利尊氏が死去して義詮が二代将軍になると、京と鎌倉を兄弟で治めることになった。翌年に義詮が南朝攻撃を計画し、基氏に協力を要請したので、基氏は関東の武士たちに軍勢督促状を発し、関東管領畠山国清《くにきよ》に率いさせて畿内に遠征させた。

基氏が初代であった鎌倉殿は、代を重ねると幕府から独立的に振る舞うようになり、「鎌倉公方《くぼう》」を自称するようになっていく。

下野守護の小山義政《よしまさ》が所領争いから宇都宮基綱《もとつな》と合戦になったが、二代鎌倉公方氏満《うじみつ》の調停を無視していた。鎌倉公方氏満は、永徳《えいとく》元年（一三八一）六月、関東八カ国に小山義政の追討を命じると、義政は鷲城《わしじょう》に籠城した。十二月に義政は降伏し、二心のないことを誓うが、翌年三月にはふたたび糟屋《かすや》城で挙兵して敗れ、四月には自刃していた。

貞治《じょうじ》六年（一三六七）に二代将軍義詮が病により死去する。子の義満《よしみつ》が一〇歳で三代将軍となると、細川頼之が義詮の遺言によって執事として補佐するようになった。

幕府は有力守護大名の連合体に将軍が擁立された形で、将軍の権力は脆弱だった。義満は将軍権力を強化するため室町に御所を造営して権勢を示し、直轄軍である奉公衆を増強した。

さらに義満は、有力守護大名の弱体化を図り、細川氏と斯波氏の対立を利用して管領細川頼之を失脚させ、土岐康行《ときやすゆき》を挑発して挙兵に追い込んでこれを下し、大勢力の山名《やまな》氏の分裂を煽《あお》って山名氏を弱体化させている。

明徳《めいとく》三年（一三九二）には、義満は周防《すおう》の大内義弘《おおうちよしひろ》を仲介にして衰微した南朝方と交渉を進めた。両統迭立や諸国の国衙領を南朝方の大覚寺統の所有とする和平案を、南朝の後亀山《ごかめやま》天皇に提示し、後亀山が保持していた三種の神器を北朝の後小松《ごこまつ》天皇に接収させ、南北朝合一を実現し五八年にわたる朝廷の分裂を終結させた。

足利将軍は全国を統一的に支配しようと努力していたが、あまりの徒労に断念したのか、義満は三代鎌倉公方満兼《みつかね》に関東一〇カ国に加えて陸奥と出羽を鎌倉府の管轄下に置くことを許した。応永《おうえい》六年（一三九九）に、鎌倉公方満兼は弟の満直《みつなお》を陸奥国安積《あさか》郡へ、満貞《みつさだ》を岩瀬《いわせ》郡に派遣して、南奥羽の統治に当たらせた。

この年に将軍義満と関係を悪化させていた大内義弘は、義満と疎遠になっていた満兼の父氏満が出していた御教書を奉じて、幕府への反乱を画策した。だが、氏満が死亡したので、義弘は満兼に連絡を取った上で堺《さかい》に進出して挙兵すると、美濃、丹波、近江で南朝系の武士が呼応した。満兼は、幕府支援を装って、幕府直轄領の足利に兵を進めたが、十二月には義弘が敗死したため鎌倉に帰っている。

義満の時代は、幕府権力がおよぶ地を縮小したことで比較的安定し、伝統的公家文化と新興武家文化を融合させ、明との勘合《かんごう》貿易や禅宗を通じて大陸文化の影響も受けた「北山文化」を開いた。義満は応永十五年（一四〇八）五月に死亡した。

応永十六年（一四〇九）七月に満兼が三二歳で死亡すると、四代鎌倉公方を一二歳の幸王丸が嗣《つ》ぎ、四代将軍義持《よしもち》から一字をもらって持氏《もちうじ》を名乗る。

応永二十年（一四一三）四月、陸奥で伊達持宗《だてもちむね》が挙兵した。その裏には鎌倉公方を牽制する幕府の介在があり、鎌倉府は南奥州の武士に出兵を命じるが、多くの者は無視していた。

持氏は追討軍に畠山国詮《くにあきら》を派遣し、十二月に反乱を鎮圧したが、持氏に奥州勢力を把握する力がないことが証明された。

上杉禅秀《うえすぎぜんしゅう》の乱

鎌倉公方を補佐する関東管領は幕府が任命していたため、幕府から独立的に振る舞う鎌倉公方と関東管領はしばしば対立した。関東管領の上杉禅秀《ぜんしゅう》（氏憲《うじのり》）は鎌倉府の実権を握ろうとする動きを見せたために鎌倉公方持氏と対立し、上杉一族の内紛もあって関東管領を更迭された。応永二十三年（一四一六）十月に、上杉禅秀は持氏を補佐する叔父の足利満隆《みつたか》や持氏の弟の足利持仲《もちなか》と図り、鎌倉公方の御所を急襲した。

持氏は佐助《さすけ》ヶ谷《がやつ》の上杉憲基《のりもと》の屋敷に逃れたが、禅秀は将軍義持の弟義嗣《よしつぐ》や、関東から陸奥にかけての中小豪族を味方にしており根が深かった。鎌倉市街の戦闘では持氏勢は劣勢で、箱根に落ち延びて駿河守護の今川範政《いまがわのりまさ》に庇護されたので、禅秀は鎌倉を制圧下に置いた。

幕府は鎌倉公方を牽制して事態を傍観していたが、持氏が幕府の援助を求めていることを知ると、将軍義持は諸大名と会議し持氏救援に決した。十二月になって持氏救援の今川、上杉、小笠原などの兵を派遣し、氏憲らは駿河で敗れた。

応永二十四年（一四一七）になると禅秀側の武士は幕府側に寝返って、孤立した禅秀は雪《ゆき》ノ下《のした》で自害し、騒乱は終結した。

この後、持氏は禅秀に味方した佐竹《さたけ》氏など関東の諸豪族を討伐し、自らの関東支配を強固にしようとした。だが、その豪族たちは、鎌倉公方を牽制するために幕府が保護した京都扶《きょうとふ》持衆《ちしゅう》と呼ばれる武士たちで、京と鎌倉の緊張をさらに高めることになったのである。

幕府は応永三十一年（一四二四）八月には、駿河守護の今川範政らに持氏討伐軍を結成させたため、持氏は幕府に謝罪使を出し、これにより和解が成立した。

幕府では、応永三十年（一四二三）に義持から嫡子義量《よしかず》に将軍職を譲っていたが、義量は酒食に溺れて応永三十二年（一四二五）二月に死亡し、空位になった将軍職を義持が代行していたのである。

応永三十五年（一四二八）一月に四代将軍義持が死亡し、その遺言にしたがって義持の弟四人の中から籤《くじ》によって六代将軍義教《よしのり》を決定した。鎌倉公方持氏は将軍義持の猶子《ゆうし》となっていたことから、密かに将軍に選ばれることを期待していたが、義教が六代将軍に就任すると、将軍襲

上杉氏憲の屋敷跡

職祝いの使者を送らず不服従の態度を示した。

永享《きょうえい》の乱

永享六年（一四三四）には、持氏は鶴岡八幡宮に怨敵を呪詛《じゅそ》する血書願文を奉納していた。そして、嫡子賢王丸《けんのうまる》の元服には、将軍から名前の一字を拝領する慣例を無視して義久《よしひさ》と名付けていた。

関東管領の上杉憲実《のりざね》は鎌倉公方をなだめて、将軍との対立防止に努めていたが、持氏から疎《うと》まれて暗殺の風説が流れたので、憲実は管領職を辞して所領の上野平井《ひらい》に出奔した。永享十年（一四三八）八月、持氏は憲実追討を決し、永享の乱がはじまる。

将軍に就任した義教は、兄の義持の長い治世で失墜《しっつい》した幕府権威の復興と将軍親政の復活を目標にしており、将軍直属の武官官僚である〝奉公衆〟を創設した。

幕府は後花園《ごはなぞの》天皇から綸旨《りんじ》を受け、上杉禅秀の子持房《もちふさ》を大将にした官軍二万五〇〇〇人を、朝敵となった持氏の追討軍として関東に派遣した。今川勢は鎌倉公方の軍勢を撃破して足柄山を越え、上杉持房も箱根の陣を破った。十月に上杉憲実は武蔵分倍河原《ぶばいがわら》で、鎌倉方の一色・小笠原軍を破るが軍はそれ以上先に進めなかった。

鎌倉公方持氏は称名寺《しょうみょうじ》で出家して永安寺《えいあんじ》に幽閉された。上杉憲実は将軍義教に、旧主である持氏の助命と義久の関東公方就任を嘆願するが許されなかった。将軍義教は憲実に持氏と義久父子の殺害を命じ、やむなく憲実は翌年に永安寺を攻めた。持氏と義久は自害し、鎌倉公方は断絶したのである。

だが、このとき持氏の遺児春王丸《はるおうまる》と安王丸《やすおうまる》は日光山に潜伏しており、後に下総の結城氏朝《うじとも》が密かに結城城に匿《かくま》った。将軍義教が鎌倉公方として実子を下向させようとすると、永享十二年（一四四〇）三月に結城氏朝と持朝《もちとも》父子が春王丸と安王丸を擁立し、幕府に反乱を起こして籠城した。

関東武士の多くは結城側に与《くみ》して抵抗したので、幕府軍も攻めあぐねていた。だが、籠城も一年が過ぎた、嘉吉《かきつ》元年（一四四一）四月十六日、幕府軍の総攻撃による落城直前に、城中から脱出しようとする輿があった。幕府軍はそれを春王丸と安王丸のものと見破った。

五月十六日、春王丸と安王丸は、京へ送られる途中の美濃垂井《たるい》で斬られた。

ところが六月二十四日には、将軍義教は赤松満祐《みつすけ》が開いた結城合戦の祝勝会に招かれたが、そこで満祐の子教康《のりやす》に暗殺されたのである。これを嘉吉の乱という。

将軍義教は「万人恐怖」とされる厳しい弾圧政治を行なって、有力大名家の家督相続に強引に介入し、意中の者を家督に据えさせていた。幕府の最長老格となっていた赤松満祐は義教に疎まれており、満祐の弟義雅の所領は没収され、将軍義教から寵愛される赤松氏庶流の貞村《さだむら》に与えられていた。

満祐の所領も没収される噂が起こったため、義教を自邸に招き殺害したのである。相伴《そうばん》した管領細川持之《もちゆき》、畠山持永《もちなが》、山名持豊《もちとよ》らは狼狽《ろうばい》して逃げまどった。赤松氏の家臣が、将軍を討つことが本願で他の者に危害を加える意思はないと告げると、騒ぎは収まり、赤松親子は邸に火を放って悠々と所領の播磨に引き上げた。

管領細川持之らは義教の嫡子千也茶丸《ちゃちゃまる》を次期将軍に決定し、七代将軍足利義勝《よしかつ》が誕生した。九月に赤松満祐が幕府軍に攻められ自害し、赤松氏が守護であった播磨と美作《みまさか》は山名氏が支配するようになり、山名氏は大きく力を拡大させて細川氏と競うようになっていく。

この事件により将軍権威は大きく失墜し、守護大名の合議制が復活した。

古河《こが》公方

結城合戦では、結城城に持氏の遺児として春王丸と安王丸以外に四歳の永寿王丸《えいじゅおうまる》もいたようだ。この永寿王丸も捕えられ、京へ連行される途中に嘉吉の乱が起こった。そのため幸運にも生き延び、後に成氏《しげうじ》と名乗るようになる。

文安《ぶんあん》三年（一四四六）に、関東諸将の要請があり、幕府管領の畠山持国《もちくに》が支持したので鎌倉府が復活し、成氏が鎌倉公方となって鎌倉帰還が実現する。新鎌倉府は鎌倉公方に成氏、補佐役の関東管領に、持氏を攻め殺した上杉憲実の嫡男、山内《やまのうち》上杉憲忠《のりただ》が一七歳で就任したことで、鎌倉府では旧持氏方の武将や豪族と、山内上杉と扇谷《おうぎがやつ》上杉の両上杉氏との緊張関係は改善されなかった。

関東管領の上杉憲忠は若年のため、実権は家宰《かさい》の長尾景仲《ながおかげなか》が握っていた。宝徳《ほうとく》二年（一四五〇）四月に、長尾景仲は扇谷上杉家家宰の太田資清《おおたすけきよ》らとともに鎌倉府の御所を急襲する。成氏が江ノ島に逃れると、小山や宇都宮などの武士が駆けつけ長尾・太田勢を退けた。

幕府管領の畠山持国は、成氏の求めに応じて、政界を引退していた上杉憲実と憲忠に鎌倉帰参を命じ、関東諸氏らに対して成氏への忠節を命じた。

成氏は関東諸氏に向けて、新鎌倉公方の権威を誇示しようとするが、享徳《きょうとく》元年（一四五二）に細川勝元《かつもと》が幕府の管領になると、鎌倉公方に対して厳しい姿勢をとるようになり、再び関東管領を通じて関東を直接統治する意思を示したのである。

享徳三年（一四五四）十二月、成氏は関東管領上杉憲忠を御所に呼び、謀殺した。翌年に成氏は鎌倉を進発し、上杉勢の長尾景仲や太田資清を追って各地を転戦する。

山内上杉家は憲忠の弟顕房《あきふさ》を後継として態勢の立て直しを図り、幕府は上杉氏支援を決定して、享徳四年（一四五五）四月、後花園天皇から成氏追討の綸旨と御旗を受けた。これにより、成氏は朝敵となった。

成氏は鎌倉を放棄し、下河辺荘《しもこうべ》などの鎌倉公方御料所のある下総古河《こが》を本拠地としたので、「古河公方」と呼ばれるようになり、規模を縮小させたが関東地方の支配者としての権威を保ち続けていく。

一方、駿河守護今川範忠《のりただ》は、六月には上杉氏の援軍として鎌倉を制圧した。成氏はこれは上杉氏との抗争で、幕府には叛意がないことを主張したが、長禄《ちょうろく》元年（一四五七）には、幕府は、成氏への対抗手段として、将軍義政《よしまさ》の異母兄で天龍寺《てんりゅうじ》で僧籍にいた政知《まさとも》を還俗《げんぞく》させ、鎌倉公方として東下させた。だが、政知は鎌倉に入れず伊豆の堀越《ほりごえ》にとどまって御所を置いたので、「堀越公方《ほりこし》」と呼ばれた。

以後、古河公方は、主に下野・常陸・下総・上総・安房を勢力範囲とし、堀越公方と関東管領山内上杉家・扇谷上杉家の勢力は、主に上野・武蔵・相模・伊豆を勢力範囲とし、関東を東西に二分して対立し続けた。

やがて京では、諸大名のお家騒動を発端とし、応仁《おうにん》の乱が勃発した。

これまで連携してきた扇谷・山内上杉家が不和になり、扇谷上杉家の執事太田道灌《どうかん》は、東西勢力の接点である江戸湾の台地上に江戸城を築き、山内上杉家に背《そむ》いて古河公方に投じた長尾景春《かげはる》に同調する豊島《としま》氏を討つなど精力的に行動するが、文明《ぶんめい》十七年（一四八五）七月には、主人上杉定正《さだまさ》によって殺害されてしまい、関東は混乱の中から脱せなかった。

文明十四年（一四八二）十一月に、古河公方と幕府の和睦が成立した。成氏は朝敵の汚名から解放され、嫡男の名も八代将軍義政から一字を譲り受けて政氏《まさうじ》とした。この和睦によって成氏の鎌倉公方の地位が改めて幕府に承認され、和睦の条件に伊豆を足利政知に譲るとあったことで、堀越公方は伊豆のみの支配だけとなってしまったのである。

しかし、その後も関東では古河公方と堀越公方の併立や山内・扇谷両上杉氏間の抗争勃発など不安定な状態が続き、鎌倉公方である成氏が鎌倉に戻ることはなかった。

鎌倉公方の御所は浄妙寺の東側に構えられ、鎌倉時代の足利氏の屋敷を引き継いだものであった。足利成氏が古河に移ってからは廃墟になっていたと思われる。

江戸時代初期の貞享《じょうきょう》二年（一六八五）に刊行された『新編鎌倉志《しんぺんかまくらし》』には、地元民が「いずれ古河の公方が鎌倉に復帰することもあろうか」と、御所の跡地を畠にせず芝野にしておいたと語ったとしている。移転するとたちまち民家が建った大倉御所の例もあり、公方邸の跡地全体が保存されたとは考えられないが、古河公方がすでに滅び、鎌倉公方が古河に移った二三〇年後にも屋敷跡は残されていたようだ。

堀越公方の滅亡

堀越公方足利政知には、

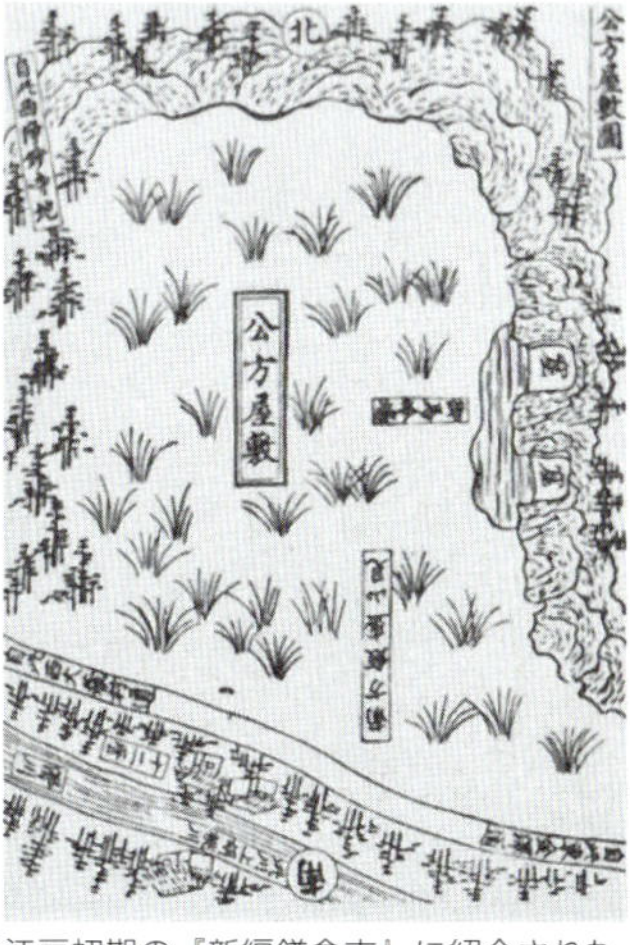

江戸初期の『新編鎌倉志』に紹介された屋敷跡

浄妙寺にある鎌足神社。藤原鎌足がこの地に鎌を埋めたことから鎌倉という地名になったともいう

大休寺跡は浄妙寺横の熊野神社になった。直義はそこで毒殺されたという

足利公方の屋敷跡付近には「御所内」の地名も残る

京より付けられた関東探題や鎌倉に関東管領の山内上杉家や扇谷上杉家があった。だが、政知に関東の幕府方諸将への軍事命令権はなく、幕府が直接命令を下したため、非常に脆弱な政権であった。

また関東の諸将は、初代鎌倉公方足利基氏以来の血筋を持つ成氏への忠誠心が厚く、彼らから協力を得ることはできなかった。さらに内部で勢力争いがあり、古河公方成氏の討伐は難しいものであった。

成氏と幕府が和睦すると、堀越公方政知は伊豆一国の領主に過ぎなくなっていた

浄妙寺は足利貞氏が建立し、塔頭二三院を数える大寺院であった。周囲は足利氏所縁の史蹟も多い

『新編鎌倉志』にもあるやぐら。左のやぐらには扉をはめた溝がある

が、政知は幕府の抗争を利用し、足利義視《よしみ》の子である甥の十代将軍足利義材《よしき》（義稙《よしたね》）を廃して自分の子・義澄《よしずみ》を次の将軍職に就けようと企んだ。明応《めいおう》二年（一四九三）四月に、義材が細川政元《まさもと》によって追放されると、義澄が十一代将軍に擁立された。

しかし、永正《えいしょう》五年（一五〇八）に大内義興《よしおき》が前将軍義稙を擁立して上洛の軍を起こすと、義澄は近江国へ逃れて将軍職を廃され、復帰できないまま死去している。

堀越公方政知は延《えん》徳三年（一四九一）に病没し、後継には義澄の同母兄の潤童子《じゅんどうじ》が選ばれていた。異母兄の茶々丸《ちゃちゃまる》は凶暴な性格によって牢に入れられていたが、潤童子とその母を殺害し、その茶々丸が二代堀越公方に就いた。

駿河の今川氏の外戚の伊勢盛時《いせもりとき》（北条早雲《ほうじょうそううん》）は、今川家の内紛を調停して駿河の興国寺《こうこくじ》城を預けられ、さらなる勢力拡張を狙っていた。伊勢盛時は新将軍となった義澄から茶々丸討伐を命じられ、堀越御所を攻めて茶々丸を追放した。ここに堀越公方は二代三六年で滅んだのである。

六章　戦国時代以降の鎌倉

華頂宮邸

戦国の鎌倉

伊勢盛時は堀越公方を滅すと、伊豆国をわずか一カ月で平定し韮山《にらやま》に本拠を構えた。伊豆では年貢率を下げるなど、領国経営の基盤となる農民に慈悲を施《ほどこ》す政策を行なっている。

盛時は小田原《おだわら》の大森藤頼《おおもりふじより》に贈り物をして交わりを深め、大森が油断した明応四年（一四九五）九月に、鹿狩りを口実にして一挙に攻め寄せて小田原城を奪った。

盛時の子氏綱《うじつな》は相模の統一を目指し、岡崎城主（平塚市）三浦義同《よしあつ》を鎌倉と逗子の市境にある新井《あらい》城に追った。永正九年（一五一二）には新井城の三浦氏攻略の足場として玉縄《たまなわ》城（現在の大船の清泉女学院内）を築き、永正十三（一五一六）に新井城を急襲し義同を自刃させたのである。玉縄城は初代城主に氏綱の弟の氏時《うじとき》が就き、その後は氏繁《うじしげ》、氏舜《うじとし》、氏勝《うじかつ》と城主が代わった。

氏綱は永正十七年（一五二〇）には、小田原周辺や鎌倉を検地して在地領主や寺社領に手を加え、家臣団の軍役賦課や動員体制を整えて支配権を拡大していく。

大永《たいえい》二年（一五二二）に氏綱は、古河公方の足利高基《たかもと》の子晴氏《はるうじ》に、娘を正妻として送り込んでおり、足利一門と姻戚関係になっていた。大永四年（一五二四）になると氏綱は、玉縄城を拠点にして江戸の上杉朝興《ともおき》を攻めるにあたり、伊勢氏から北条氏へと改姓している。

上杉朝興は氏綱を「他国之凶徒《たこくのきょうと》」としており、代々関東管領職にある上杉氏と戦うには、歴史的にも関東に馴染みのない他国者《よそもの》の伊勢氏では、関東の国人や豪族たちは納得しなかった。そのため氏綱は、鎌倉時代の執権職である北条一門の継承者と自称し、相模や武蔵の統治に正当性を持たせたのである。このとき家紋も北条氏の「三鱗《みつうろこ》」に改めたが、鎌倉北条氏の三鱗は正三角形だが、小田原北条氏の三鱗は横長の二等辺三角形である。

また、三浦半島が北条氏の版図《はんと》に入ると、対岸の房総半島に勢力を張る里見《さとみ》氏は脅威を感じた。大永五（一五二五）と翌年の二度にわたって、里見実堯《さねたか》は水軍を率い

玉縄城跡

玉縄城を攻めた里見軍の首塚

玉縄城跡の碑

て三浦半島に攻め寄せた。玉縄城を守る氏時は、戸部川《とべ》（柏尾川《かしお》）で北上する里見軍を迎え撃退したが、このとき里見軍の攻撃によって鶴岡八幡宮は焼失してしまった。

氏綱は天文《てんぶん》元年（一五三二）五月から鶴岡八幡宮の再建工事を始めているが、八幡宮再建は氏綱個人の事業ではなく、関東の有力武将の参加で行なうものとするため、八幡宮別当などに親上杉派豪族たちを廻らせて勧進《かんじん》を求めさせた。

この造営に奈良興福寺の宮大工らも参加し、彼らの瓦を焼く技術によって、鶴岡八幡宮には関東ではじめて瓦葺《ぶ》きの屋根が載せられたのである。畿内では社寺に瓦屋根を載せることは常であったが、東西の文化意識はそれほど違っていたのである。天文九年（一五四〇）に造営工事は完了した。

北条勢力が武蔵に進出すると、関東管領山内上杉憲政《のりまさ》は、天文十四年（一五四五）に扇谷上杉朝定《ともさだ》、古河公方足利晴氏《はるうじ》と和睦し、駿河の今川義元《よしもと》とも同盟して北条包囲網を作った。

氏綱の子氏康《うじやす》が今川氏に対するため駿河へ出陣すると、九月に上杉憲政は関東諸氏の連合軍八万で、北条綱成《つなしげ》が守る河越城《かわごえ》を包囲した。しかし氏康は、翌天文十五年（一五四六）に今川との戦いを収めると、八〇〇〇の兵を率いて河越城の救援に向かった。

天文十五年四月二十日の夜、氏康は兵士たちに鎧兜《よろいかぶと》を脱がせて身軽にさせ、上杉連合軍の陣に突入させた。この〝河越夜合戦《やがっせん》〟で扇谷上杉朝定が討死し、山内上杉憲政はなんとか戦場を脱出して上州平井《ひらい》城(群馬県藤岡市)に敗走した。城兵が打って出て足利晴氏の陣に「勝った、勝った」と叫びながら突入すると、すでに浮き足立っていた足利軍も散々に破られて古河へ遁走し、当主を失った扇谷上杉家は滅亡する。

天文二十一年(一五五二)二月に、最前線の武蔵御嶽《みたけ》城を北条勢が落とすと、山内上杉憲政が籠もる平井城は北条軍の脅威にさらされ、上野の武士たちは北条方に属するようになった。上杉憲政は氏康に内通した家臣に追放され、越後の長尾景虎《ながおかげとら》を頼って逃れていった。ここに、南北朝以来の守護山内上杉氏による上野支配は終止符を打ったのである。

同年に古河公方足利晴氏は、北条氏の圧力に屈して公方の位を子の義氏《よしうじ》に譲った。義氏は北条氏綱の娘を母にしており氏康には甥であるため、北条氏は血縁の公方を立てることに成功したのである。

天文二十三年(一五五四)十月には、足利晴氏と子の藤氏《ふじうじ》は北条氏に敵対して古河城に反旗を翻した。だが、城は陥落して晴氏親子は捕らえられ、晴氏は栗橋《くりはし》に幽閉され、藤氏は流浪のはてに長尾景虎に援助を求めている。

長尾景虎は永禄《えいろく》二年(一五五九)四月に上洛し、十三代将軍義輝《よしてる》に謁見して上杉憲政の関東支配を援助するよう命じられており、関東進出の大義名分を得ていた。それによって永禄三年（一五六〇）八月には、北条氏の成敗と古河公方の関東支配を理由にして、上杉憲政を奉じて上野に出陣した。この年の五月には織田信長《おだのぶなが》が、桶狭間《おけはざま》の戦いで今川義元《よしもと》を討ち取っていた。

景虎は、上野沼田《ぬまた》城を落城させ、関東諸氏に参陣を促して厩橋《うまやばし》城で越年した。景虎が二月下旬に、十万の兵を率いて小田原を目指すと北条方は籠城策をとった。山城の玉縄城は戸部川を城の外堀として堅固を誇っており、景虎は一目見て攻略を諦《あきら》めたとされ、三月十一日に関東連合軍は小田原城を包囲した。

北条方は決戦を避けたため、戦上手の景虎が率いても烏合《うごう》の衆《しゅう》の連合軍ではなす術《すべ》もなく、閏三月には撤退を望む声が多くなり鎌倉に退いた。

閏三月十六日、長尾景虎は上杉憲政から〝上杉〟の名跡と関東管領職を譲られ、武門の信仰があつい鶴岡八幡宮前で管領職就任の儀式を行なった。このとき景虎は上杉政虎《まさとら》と名を改め、後に将軍義輝より偏諱《かたいみな》を受けて輝虎《てるとら》としたが、法体《ほったい》となって法号を謙信《けんしん》とする。越後に帰った上杉謙信は、九月には信濃の川中島《かわなかじま》に進出し、武田信玄《たけだしんげん》と激闘を演じている。

この後、天正《てんしょう》元年（一五七三）七月には、十五代将軍足利義昭《よしあき》は宇治の槇島《まきしま》城で織田信長に降伏し、室町幕府は一二四〇年の歴史に幕を降ろしている。

秀吉と鎌倉

北条氏は氏康の後は氏政《うじまさ》・氏直《うじなお》と続き、関東の大半を制するようになっていた。しかし、尾張の織田信長が美濃を制して〝天下布武《てんかふぶ》〟を宣言し、畿内も支配下に治めた。織田軍団は四方に向かって進攻し、天正十年（一五八二）三月には、強敵の甲斐武田氏を滅ぼした。だが、その信長も六月には家臣の明智光秀《あけちみつひで》に急襲されて自害した。信長の遺志を継いだのは明智光秀を山崎の戦いで打ち破った羽柴秀吉《はしばひでよし》である。秀吉は四国征伐後に、関白職を巡る紛糾《ふんきゅう》に便乗して、近衛前久《このえさきひさ》の猶子《ゆうし》となって関白宣下を受けた。

天正十四年（一五八六）十二月に、秀吉は朝廷から豊臣《とよとみ》の姓を賜り、天正十五年（一五八七）に九州を平定すると「惣無事令《そうぶじれい》」を発令し、大名や領主の戦闘を禁じた。

天正十六年（一五八八）に、秀吉は大名たちに上洛の命を発したが、北条氏はこれに従わなかった。姻戚関係にある徳川家康《とくがわいえやす》の斡旋《あっせん》で、当主氏直《うじなお》の叔父氏規《うじのり》が上洛して平穏が保たれていたが、氏直は秀吉に臣従することに応じず、北条方の沼田の猪俣邦憲《いのまたくにのり》が真田《さなだ》氏の名胡桃《なぐるみ》城を奪取する事件が起こった。天正十八年（一五九〇）に秀吉は「惣無事令」違反として諸大名に北条氏討伐の出陣を命じた。

北条方は上杉謙信も退けた堅城《けんじょう》の小田原城を頼んで籠城作戦をとり、拠点になる城に兵力を集中した。鎌倉の玉縄城主である北条氏勝は、玉縄衆を率いて箱根の山中《やまなか》城に籠城した。山中城は三月二十九日の豊臣方との戦闘では、たった一日で陥落してしまい、氏勝は玉縄城に逃げ帰った。だが、徳川家康の家臣本多忠勝《ほんだただかつ》の勧めで氏勝は降伏し、玉縄城も四月二十一日に開城した。

秀吉は残る小田原城を包囲した。惣構《そうがま》えの小田原では町屋に住む者も武士とともに籠城したが、郊外の農民たちは戦禍《せんか》から逃れたようで、その時に鎌倉に住み着いたという旧家も現存する。籠城戦では戦闘らしい戦闘もなく過ごし、七月十一日には小田原の北条氏は降伏した。小田原征伐を終えた豊臣秀吉は十七日に鶴岡八幡宮に詣《もう》でた。秀吉は白旗《しらはた》神社で頼朝像に向かって「御身と吾《われ》は天下友達である」といって像の背中を叩いたという俗話があり、この像は現在は東京国立博物館に収蔵されている頼朝像だとされる。

江戸時代の鎌倉

小田原征伐後に秀吉は、徳川家康の所領である駿河国・遠江国・三河国・甲斐国・信濃国の五カ国を召し上げ、北条氏の旧領（武蔵国・伊豆国・相模国・上野国・上総国・下総国・下野国の一部・常陸国の一部）への移封を命じた。

また秀吉は、本拠地を北条氏の小田原から江戸にするように勧めた。家康は奥州平定に向かう秀吉を宇都宮まで送り、天正十八年（一五九〇）八月一日に江戸城に入った。

家康の石高はこれまでの一五〇万石から二四〇万石に飛躍したが、北条氏は当時としては極めて低い四公六民《しこうろくみん》という税率を採用していたため、石高ほどには実収入を見込めなかった。

家康は『吾妻鏡』を熟読していたとされ、頼朝が鎌倉幕府を創建した記録が参考になったのか、後に天下を取るが、江戸に入った半月後の八月十五日に家臣への知行割《ちぎょうわり》を発表し、鎌倉の玉縄城へ家康の謀臣本多正信《かさのぶ》が一万石で封じられた。

玉縄城は、水野忠守《みずのただもり》を城主とした時期もあったが、寛永《かんえい》二年（一六二五）には松平《まつだいら》（大河内《おおこうち》）正綱《まさつな》が二万二〇〇〇石で入封して玉縄藩を立藩した。だが、元禄《げんろく》十六年（一七〇三）に三代目の正久《まさひさ》が上総大多喜《おおたき》に転封となり、玉縄藩は廃されている。

鎌倉の東慶寺《とうけいじ》は、開山（初代住職）を北条時宗夫人の覚山尼《かくさんに》とし、覚山尼は時宗が死の直前に出家したとき尼僧になっており、子の貞時が開基した寺である。後に後醍醐天皇の皇女用堂尼《ようどうに》が護良親王の菩提《ぼだい》を弔うために五世住持として入寺し「松ヶ岡《まつがおか》御所」と称せられて格式の高さを誇った。

江戸時代には、豊臣秀頼《ひでより》の正室であった二代将軍徳川秀忠《ひでただ》の娘千姫《せんひめ》は、秀頼の妾腹の子を養女として東慶寺に入寺させ、二十世住持天秀尼《てんしゅうに》とした。

会津《あいづ》藩主加藤明成《あきなり》は、貪欲《どんよく》な性格の暗愚《あんぐ》な人物とされ、家老の堀主水《もんど》の諫言《かんげん》も聞かず対立していた。堀は会津を退去するときに城に向かって鉄砲を撃ったため、明成は家臣を動員して堀を追跡させた。堀は高野山に逃れるが、妻子を東慶寺に入れ天秀尼のもとで庇護を託した。明成は東慶寺に堀の妻子の引き渡しを求めたが、天秀尼はこれを養母の千姫に訴えたため、寛永二十年（一六四三）に明成は領地を没収されたという話がある。

東慶寺は明治三十八年（一九〇五）まで代々尼寺であったが、現在は男僧の寺である。

太田道灌の屋敷跡は現在の英勝寺《えいしょうじ》で、太田道灌の子孫である英勝院が建立したとされる。

東慶寺

徳川家康が江戸城に入ると、名家出身の者を集めたが、太田道灌の子孫の太田重正《しげ》は一三歳の妹のお八《はち》を出仕させた。お八はお梶《かじ》と名を改め、やがて家康の側室となる。

お梶は関ヶ原の戦いに家康の供をしたところ、戦いに勝利したので、家康は名を勝《かつ》と改め、以後はお勝方と呼ばれた。お勝方は家康の死後、出家して英勝院となり、水戸《みと》徳川家の祖となる徳川頼房《よりふさ》の養母となったため、英勝寺は水戸徳川家の庇護を受けるようになった。

水戸徳川家二代当主の光圀《みつくに》は、史局である彰考館《しょうこうかん》員の河井恒久《かわいつねひさ》らに命じて、全八巻一二冊からなる鎌倉地誌の『新編鎌倉志《しんぺんかまくらし》』を編纂させ、貞享二年（一六八五）に刊行した。

光圀自身が延宝《えんぽう》元年（一六七三）に、英勝寺

英勝寺の門前にある太田道灌屋敷跡の碑

を拠点にして鎌倉の名所旧跡を訪ね、随行していた河井恒久らに見聞録を代筆させ、さらに河井に鎌倉の現地調査させて増補をさせた。

内容は、鎌倉および江ノ島・金沢の名所旧跡を、文献史料を基にして解説しており、鎌倉七口や鎌倉十橋などは、このときに選定されたものである。

鎌倉は玉縄藩が廃されて以後は、幕府の直轄領とされたようで、政治的な動きに関わることもなく観光地となっている。寛政《かんせい》九年（一七九七）に刊行された『東海道名所図会《ずえ》』では、東海道を下って平塚から藤沢の間には、江ノ島から鎌倉、さらに金沢八景などの観光紹介で多くのページを割《さ》いている。東海道という幹線道路から外れた鎌倉は、観光名所がなければ一寒村になっていたのだろう。

幕末の鎌倉

そんな鎌倉に時代の波が押し寄せるのは、幕末になってからである。

源頼朝が建久十年（一一九九）に五三歳で没すると、墓は平泉中尊寺の金色堂のように遺骸を納めた上に廟堂を築き法華堂とした。法華堂は鎌倉幕府滅亡後も存在したが、十七世紀の初期頃には堂舍がなくなっていた。

薩摩の島津家は頼朝の落胤《らくいん》という伝承もあり、安永八年（一七七九）に薩摩藩主島津重豪《しげひで》が頼朝の墓を整備し、墓の層塔《そうとう》は勝長寿院跡から移されたようで、国の史跡に指定を受けている。明治五年（一八七二）には神仏分離《しんぶつぶんり》の政策により、墓前に白旗神社が建立されている。

島津重豪は後に藩の借財を五〇〇万両に膨《ふく》らませた人だが、この安永八年頃は藩政改革に着手しており、借財も一〇〇万両ほどと思われ、当時はまだ幕威もあったので、重豪は幕府に伺いを出さねばならなかっただろうと思われる。

重豪は借財の多さに進退窮《きわ》まって、調所広郷《ずしょひろさと》を用いて藩の財政を回復させていくが、藩主が斉興《なりおき》になると、調所は、天保《てんぽう》六年（一八三五）に、五〇〇万両の借財を年に二万両ずつ二五〇年で返済するという、踏み倒し同然の処置を打ち出している。

頼朝の墓から東の尾根を挟んだところに北条義時の法華堂があり、その奥の石段を登ると古墳時代後期の横穴墓を改装したとされる三基の横穴墓がある。左から毛利氏の祖で大江広元の子の毛利季光《すえみつ》の墓。中央は大江広元の墓で、

幕末に来日したベアトが撮影した鶴岡八幡宮

右には頼朝の子とされ島津氏の祖とする島津忠久《ただひさ》の墓とされている。

ここが彼らの本来の墓ではないのは自明のことで、大江広元の墓は十二所《じゅうにそ》の五大堂明王院《ごだいどうみょうおういん》の裏山にあるという伝承もある。

この墓域の石碑には、文政《ぶんせい》六年（一八二三）の整備とあり、この時期は全国の大名家は、対外的な危機や財政の窮迫化が深刻になっており、政治的にも財政的にも行き詰まっていた。そうした中で諸藩は藩政改革を進めていくが、毛利家の長州藩と島津家の薩摩藩は、改革を円滑に推進するために、鎌倉幕府に関係の深い祖先の墓を整備し顕彰することで求心力を高め、藩内を一体化させようとしたと思われる。

この両藩は藩政改革を成功させて、後に明治の

薩摩藩島津氏の祖・島津忠久の墓

新政府樹立の中心となったが、どうして同じ場所に、同じ様式で先祖の墓を造営したのかは不明である。

嘉永《かえい》六年（一八五三）六月に、ペリーが浦賀《うらが》に来航してからの一五年間は、日本は幕末の騒乱に巻き込まれていく。元治元年（一八六四）六月には、新選組が尊皇攘夷志士が集合する池田屋を襲撃し、七月には蛤《はまぐり》御門《ごもん》の変で長州勢が敗走し、八月には英・米・蘭・仏の四カ国の連合艦隊が下関を砲撃した。

その十一月二十一日には、鎌倉の鶴岡八幡宮前

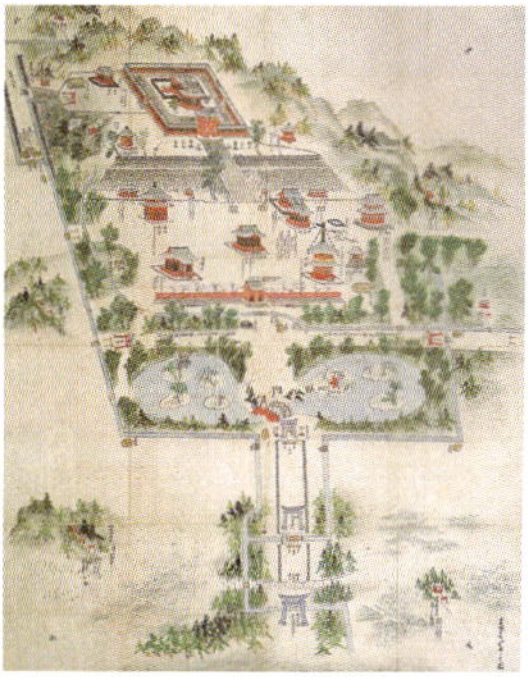

享保年間の鶴岡八幡宮境内

長州藩毛利氏の祖・大江広元の墓

でイギリス軍人のボールドウィン少佐とバード中尉が暗殺された。二人は騎馬で鎌倉見物に来たところを後ろから襲われたもので、犯行現場は下馬あたりとされている。幕府はイギリス公使の圧力を受けて懸命に捜索し、常陸谷田部《やたべ》藩浪人、二四歳の清水清次《しみずきよつぐ》を江戸で捕縛した。これが鎌倉事件である。

拷問によって間宮一《まみやはじめ》が共犯とされ、清水は十二月三十日に横浜市中を引き回しの上、イギリス軍が立ち会いする中で斬首に処されたのである。

写真家のベアトは、事件当日の午前に江ノ島でボールドウィン少佐とバード中尉に出会っていた。ベアトは二人と親しく話をし、江ノ島の道案内をして食事をともにしてもいたようで、清水の処刑にも立ち会ったようだ。

明治以降の鎌倉

横須賀は幕末の慶応《けいおう》元年（一八六五）も勘定奉行小栗《おぐり》

ベアトの撮影による鎌倉事件の現場

忠順《ただまさ》の進言により、フランスの技師レオンス・ヴェルニーを招き、横須《よこす》賀《か》製鉄所を開設した。その後施設を拡張して造船所とする途中で幕府が瓦解《がかい》すると、明治新政府に引き継がれ明治四年（一八七一）に完成した。

明治十七年（一八八四）に横須賀鎮守府《ちんじゅふ》が設置されると直轄造船所となり、明治三十六年（一九〇三）に横須賀海軍工廠《こうしょう》となり、呉《くれ》海軍工廠とともに多くの軍艦を製造した。

鎌倉事件犯人の市中引き回し

鎌倉事件犯人のさらし首

軍港のある横須賀への連絡を目的とする鉄道路線が必要となり、大船～横須賀間は明治二十二年（一八八九）に鉄道が開業した。この横須賀線は東京都心と、鎌倉や逗子・横須賀などの三浦半島内の各都市とを結んだ。軍事上の重要路線というだけでなく、沿線には皇族や華族をはじめ資産家たちの別荘地を擁していたため、早くから二等車（後の一等車、グリーン車）が連結されていた。

だが、軍事優先の時代であったことや、遺跡保護の考えが希薄だったため、北鎌倉駅付近では円覚寺《えんかくじ》境内を線路が横切り、鎌倉駅付近では鶴岡八幡宮の段葛を寸断して線路を敷設しており、用地買収も比較的強引に行なっていた。

横須賀線の横須賀～久里浜《くりはま》間は、戦時中の昭和十九年（一九四四）に開業しているが、物資不足の中でレールを調達することが困難なため、軍事上の重要路線という理由で、東海道本線のルートから外れていた御殿《ごてん》場《ば》線を単線化し、そのレールを転用したという。

太平洋戦争中の戦時中には、軍事施設のない鎌倉にも、アメリカ軍による無差別爆撃があった。一部は逗子の池子《いけご》弾薬庫を狙った爆弾とされるが、昭和二十年（一九四五）一月九日には鎌倉郡深沢《ふかがわ》村などにB29、

若宮大路幕府跡にある大佛次郎邸

二一機が飛来し爆撃、死傷者一一名。二月二十一日にはB29一機が鎌倉の市街地に三トンの爆弾を投下し、死傷者三名。四月七日にはB29約六〇機が鎌倉に飛来し、爆弾二四発を投下し死傷者五名。七月十八日には艦載機二五〇機が鎌倉などに飛来し、爆弾五七発を投下し死傷者八九名という記録がある。だが、他の都市と比べて戦争の被害は少なく、木々の緑に囲まれた落ち着いた街が残った。

横須賀線の開通により、東京の出版社からも行き来が便利になったため、鎌倉に文筆家が住み始めた。とくに大正十二年（一九二三）九月一日の関東大震災で、東京が壊滅状態となると、鎌倉も大きな被害を受けていたが芥川龍之介《あくたがわりゅうのすけ》、有島生馬《ありしまいくま》、里見弴《さとみとん》、大佛次郎《おさらぎじろう》、川端康成《かわばたやすなり》、久米正雄《くめまさお》、高見順《たかみじゅん》、中山義秀《なかやまぎしゅう》らが好環境な鎌倉に移住した。

前田侯爵邸が鎌倉文学館になった

第二次世界大戦後には、著作を発表する場がなくなり、鎌倉在住の作家たちが生活を維持するために貸本屋〝鎌倉文庫〟を興したという。現在は鎌倉ペンクラブを復活させ、多くの作家たちも居住している。

戦後の日本は、朝鮮戦争などもあって飛躍的な経済伸張を見せ、昭和二十九年（一九五四）からの神武《じんむ》景気、昭和三十三年（一九五八）からの岩戸《いわど》景気を経て、昭和三十九年（一九六四）に開催される東京オリンピックを控えて景気は下降線を知らない状況であったため、鎌倉では昭和三十五年（一九六〇）頃から宅地造成ブームがはじまっていた。昭和三十八年（一九六三）秋頃には、鶴岡八幡宮裏の御谷《おやつ》にある二十五坊の森が乱開発の危機にさらされていた。

これには鎌倉の自然を次世代に引き継いでいこうとする市民たちが立ち上がり、署名運動は一週間に二万人を超え、市民有志はブルドーザーの前に立ちはだかった。

この鎌倉の市民運動によって「古都保存法」が勝ち取られ、昭和四十一年（一九六六）一月十三日に公布されたのである。以後の鎌倉は都心に近い、自然に囲まれたところというイメージが膨らんでいった。

関東大震災で倒壊した八幡宮の建物

鎌倉は「湘南《しょうなん》」と呼ばれたりもするが、本来の「湘南」は、中国の湖南省を流れる湘江《しょうこう》の南部のことで、かつては長沙《ちょうさ》国湘南県があり、中世には禅宗のメッカとなった地である。鎌倉幕府が禅宗を保護し、「建長寺」や「円覚寺」という国内初の禅寺を建立し、それらを擁した鎌倉周辺の地域が、中国の「湘南」にちなんで日本の「湘南」とされたと考えられる。

現在では「湘南」には、〝海〟や〝太陽〟や〝若者〟などを連想させるものがあり、石原《いしはら》慎太郎《しんたろう》の小説『太陽の季節』によって、一九五〇年代の若者風俗の「太陽族」がブームとなった。

鎌倉や江ノ島などは観光資源が豊富で、都心からも日帰りができるため、TVや雑誌などで定期的に紹介されるように、まだまだ魅力的な観光地であり、その大地の下には多くの歴史的な遺跡が眠っているのである。

参考文献

ジャパン・クロニック『日本全史』講談社
クロニック『戦国全史』講談社
『日本歴史大事典』小学館
『日本歴史館』小学館
朝日百科『日本の歴史』朝日新聞社
『鎌倉武士の実像』石井進　平凡社
集英社版日本の歴史⑦『武者の世に』入間田宣夫　集英社
集英社版日本の歴史⑧『南北朝の動乱』伊藤喜良　集英社
『保元・平治の乱』元木泰雄　角川ソフィア文庫
『平清盛の戦い』元木泰雄　角川ソフィア文庫
『頼朝の武士団』細川重男　洋泉社新書
『北条氏と鎌倉幕府』細川重男　講談社選書メチエ
『将軍権力の発見』本郷恵子　講談社選書メチエ
『源平合戦の虚像を剥ぐ』川合康　講談社選書メチエ
『源頼朝の世界』永井路子　中公文庫
『相模のもののふたち』永井路子　中公文庫
『つわものの賦』永井路子　中公文庫
『河内源氏』元木泰雄　中公新書
『武士の誕生』関幸彦　講談社学術文庫
『頼朝がひらいた中世』河内祥輔　ちくま学術文庫
『鎌倉の寺122を歩く』山折哲雄・監修　槇野修　PHP新書
『一度は歩きたい鎌倉史跡散歩』奥宮敬之　新人物文庫
『もっと行きたい鎌倉歴史散歩』奥宮敬之　新人物文庫
『鎌倉北条一族』奥宮敬之　新人物往来社
『深く歩く　鎌倉史蹟散策』上・下　神谷道倫　かまくら春秋社
『一冊でつかむ日本中世史』武光誠　平凡社新書
日本史リブレット21『武家の古都、鎌倉』高橋慎一郎　山川出版社
日本史リブレット人026『源頼朝』高橋典之　山川出版社
日本史リブレット人034『北条時宗と安達安盛』福島金治　山川出版社
『蒙古の襲来』海音寺潮五郎　河出文庫
『知るほど楽しい　鎌倉時代』多賀譲治　理工図書
『東京の古墳を歩く』大塚初重・監修　祥伝社新書

切りとり線

★読者のみなさまにお願い

この本をお読みになって、どんな感想をお持ちでしょうか。祥伝社のホームページから書評をお送りいただけたら、ありがたく存じます。今後の企画の参考にさせていただきます。また、次ページの原稿用紙を切り取り、左記まで郵送していただいても結構です。

お寄せいただいた書評は、ご了解のうえ新聞・雑誌などを通じて紹介させていただくこともあります。採用の場合は、特製図書カードを差しあげます。

なお、ご記入いただいたお名前、ご住所、ご連絡先等は、書評紹介の事前了解、謝礼のお届け以外の目的で利用することはありません。また、それらの情報を6カ月を越えて保管することもありません。

〒101-8701（お手紙は郵便番号だけで届きます）
祥伝社新書編集部
電話03（3265）2310
祥伝社ホームページ　http://www.shodensha.co.jp/bookreview/

★本書の購買動機（新聞名か雑誌名、あるいは○をつけてください）

＿＿＿新聞の広告を見て	＿＿＿誌の広告を見て	＿＿＿新聞の書評を見て	＿＿＿誌の書評を見て	書店で見かけて	知人のすすめで

★100字書評……武家の古都「鎌倉」を歩く

名前

住所

年齢

職業

武家《ぶけ》の古都《こと》「鎌倉《かまくら》」を歩《ある》く

日本《にほん》の歴史《れきし》と文化《ぶんか》を訪《たず》ねる会《かい》

2013年11月10日　初版第１刷発行

発行者……………竹内和芳
発行所……………祥伝社《しょうでんしゃ》
〒101-8701　東京都千代田区神田神保町3-3
電話　03(3265)2081(販売部)
電話　03(3265)2310(編集部)
電話　03(3265)3622(業務部)
ホームページ　http://www.shodensha.co.jp/
装丁者……………盛川和洋
印刷所……………萩原印刷
製本所……………ナショナル製本

Printed in Japan　ISBN978-4-396-11346-9　C0226